Cuando el CIELO
toca la TIERRA

ೋ❧

Un libro de milagros, maravillas y prodigios

con relatos de
James Van Praagh,
Sunny Dawn Johnston,
Lisa McCourt
y muchos más

James Van Praagh
Sunny Dawn Johnston
Lisa McCourt

Cuando el CIELO toca la TIERRA

Un libro de milagros, maravillas y prodigios

EDICIONES OBELISCO

Si este libro le ha interesado y desea que le mantengamos informado
de nuestras publicaciones, escríbanos indicándonos qué temas son de su interés
(Astrología, Autoayuda, Ciencias Ocultas, Artes Marciales, Naturismo,
Espiritualidad, Tradición…) y gustosamente le complaceremos.

Puede consultar nuestro catálogo en www.edicionesobelisco.com

Colección Espiritualidad y Vida interior
CUANDO EL CIELO TOCA LA TIERRA
James Van Praagh
Sunny Dawn Johnston
Lisa McCourt

1.ª edición: febrero de 2018

Título original: *When Heaven Touches Earth*

Traducción: Antonio Cutanda
Maquetación: *Compaginem S. L.*
Corrección: *M.ª Jesús Rodríguez*
Diseño de cubierta: *Isabel Estrada sobre una imagen de Shutterstock*

© 2016, James Van Praagh
Publicado por acuerdo con Hierophant Pub. Corp.
(Reservados todos los derechos)
© 2018, Ediciones Obelisco, S. L.
(Reservados los derechos para la presente edición)

Edita: Ediciones Obelisco, S. L.
Collita, 23-25. Pol. Ind. Molí de la Bastida
08191 Rubí - Barcelona - España
Tel. 93 309 85 25 - Fax 93 309 85 23
E-mail: info@edicionesobelisco.com

ISBN: 978-84-9111-311-9
Depósito Legal: B-2.563-2018

Printed in Spain

Impreso en España en los talleres gráficos de Romanyà/Valls S. A.
Verdaguer, 1 - 08786 Capellades (Barcelona)

Introducción

Lisa McCourt

¿Es el universo un lugar benévolo? Albert Einstein decía que ésta es la pregunta más importante que te puedes hacer a ti misma, y sabía que la respuesta que dieras a esa pregunta determinaría tu calidad de vida. Él sabía que el punto hasta el cual creemos que el universo es un lugar benévolo es el mismo hasta el cual sentiremos alegría, paz y satisfacción. Y a la inversa, si crees que el universo es un lugar hostil, tu experiencia vital corroborará tal creencia. La ciencia ha recorrido un largo camino desde entonces para validar la acertada afirmación de Einstein. Merced a los avances en la física cuántica, ahora sabemos con una certeza científica verificable que nuestras creencias afectan al modo en que experimentamos la realidad.

Quizá te cueste reconocer que, hasta este mismo instante, has estado creando tu realidad, paso a paso, sin ser consciente de ello, desde el trampolín de tu propio sistema de creencias. Es probable que nunca hayas sido consciente de este proceso, y es probable también que ni siquiera seas del todo consciente de la mayoría de tus creencias. Pero ¿no sientes cierto alivio al pensar que quizá puedas cambiarlo todo en tu experiencia vital con sólo cambiando tus creencias en torno a ello? Sin embargo, esta verdad no se limita a la pregunta de si el universo es benévolo o no, sino que se extiende hasta las mismas leyes que gobiernan el universo.

Este libro es para las personas que optan por creer en una fuerza amorosa tan inmensa, tan omnímoda, tan inextricablemente entretejida con todo, que transciende las mezquinas delineaciones entre la vida y la muerte.

Pero no es sólo para las personas que creemos en esto. Es también para las personas «limítrofes»; es decir, las que se hallan en los límites de la creencia en esa fuerza tan gloriosa e impenetrable del amor, pero que no les acaba de entrar en la cabeza. Y aunque nosotras, creyentes empedernidas, valoremos los relatos de este libro (¡porque nos incitan mucho y disfrutamos con la validación!), las personas «limítrofes» las valorarán aún más.

Serán las «limítrofes» las que sentirán que algo se acelera en sus entrañas mientras absorben estas palabras. Serán las que sentirán que una sensación vertiginosa y hogareña se apodera de ellas mientras las persistentes sospechas largo tiempo enterradas emergen a la superficie de su conciencia. Serán las que sentirán los escalofríos del «¡Ajá!» y los hormigueos del «¡Sí! ¡En el fondo, yo siempre lo he sabido!».

Quizá no estés segura de estar preparada para tan plena aceptación. A los seres humanos actuales nos gusta parecer listos y sentir que lo tenemos todo controlado. Nos gusta creer que lo entendemos todo y, lamentablemente, el mundo espiritual no nos deja acomodarnos en esa creencia.

El mundo espiritual está envuelto en misterio, incluso para las personas que sabemos que ese mundo es tan real como nuestras propias manos. Nadie está completamente seguro de cómo funciona. Nadie. Ni el maestro espiritual, ni la meditadora experta, ni quien ha vivido una experiencia cercana a la muerte y regresa para contar lo que hay al otro lado, ni la más brillante de las científicas ni el más reverenciado gurú. Nadie sabe *exactamente* cómo operan las esferas que se hallan más allá de ésta; nadie tiene el libro de las reglas. Esto hace que muchas de esas personas «limítrofes» se sientan tan incómodas que terminen optando por negar la totalidad del paquete metafísico. Se sienten más seguras de este modo. Pero el intento por ocultarse entre las constricciones de esa seguridad artificial tiene un coste personal, pues reduce la riqueza de la experiencia vital hasta una pequeña fracción de lo que podría ser.

Si has sentido las restricciones de la incredulidad, te invito ahora a que dejes a un lado el deseo por los hechos comprobados, y que lo hagas durante el tiempo suficiente como para saborear el misterio que supone rendirse a una fuerza tan poderosa, satisfactoria, jugosa y *justa,* y asimismo que vale la pena renunciar a la necesidad de respuestas en blanco y negro. Porque, en cuanto pruebes esta fuerza en tecnicolor, ya no podrás hacer marcha atrás. Una vez la pruebes, comprenderás que su misterio inherente no es un defecto, sino otra faceta de su irreprochable perfección.

La única pregunta importante que te puedes plantear justo en este momento es : ¿te *gustaría* vivir en un mundo de milagros gobernado por ese amor poderoso y omnímodo? Si es así, ese mundo está a tu disposición. Tus creencias las eliges tú. Como señaló Einstein, la experiencia que tienes del mundo en el que vives también la eliges tú.

La mayoría de las personas que han hecho sus aportaciones a esta recopilación no son diferentes de ti ni de mí. No tienen más capacidades psíquicas innatas, ni son energéticamente más sensibles, ni más sabias, ni tienen más talentos espirituales de los que puedas tener tú. Estas personas sólo poseen una cosa en común: que creen que esos milagros como los que encontrarás en estas páginas son posibles. Oirás a algunas de esas personas decir que no creían en ello hasta que les ocurrió, pero yo diría que, en un nivel muy profundo, un hilo de creencia las unía a todas ellas; una vena de esperanza de que el universo, en su abrumadora complejidad, no sólo es benévolo, sino que permanece arraigado en el amor hasta un punto tan alejado de nuestra comprensión como para desafiar los constructos de nuestros limitados paradigmas actuales.

Ese mismo hilo discurre a través de ti, o de lo contrario no habrías elegido este libro. Si sientes que te gustaría vivir las cosas que estas valerosas y vulnerables personas han vivido, alimenta ese hilo. Haz espacio en tu corazón para los milagros. Tira del hilo hasta que se desenmarañen las endurecidas capas del cinismo, que no hacen otra cosa que separarte del manantial infinito de amor del cual estás hecha.

Profundiza en ese manantial y verás lo razonable y lo natural que es unirse a las filas de los creyentes. Bienvenida a casa. Te estábamos esperando.

❧ 1 ❧

Hilos espirituales

James Van Praagh

Aquel jueves comenzó de forma ordinaria, como lo hacen la mayoría de los jueves; una ligera brisa flotaba sobre el océano, mientras el sol buscaba su lugar en el cielo. Pero con el tiempo he descubierto que rara vez hay días «ordinarios» para alguien como yo, para alguien que puede comunicarse con las almas que no hace mucho habitaban esta dimensión física. Aquel día en concreto haría que mi mística cabeza girara hasta apuntar a direcciones invisibles, manipulaciones espirituales, dos mundos en colisión. Aquel día, la constatación de que el mundo espiritual tira de los hilos para hacernos saber que es una parte muy intrincada de nuestra vida cotidiana me golpeó como un yunque.

Todo comenzó con un correo electrónico que alguien me reenvió. Una mujer, llamada Elaine White había dado una charla ante una entregada multitud en Austin, Texas, y había mencionado mi nombre. Joyce Elaine White había sido educada en la rígida fe baptista sureña y anhelaba convertirse en misionera para llevar su fe por todo el mundo. Se había casado con un hombre con ambiciones similares y, en los años noventa, Elaine se había convertido en directora ejecutiva de la Coalición Cristiana de Austin, formando parte del lobby o grupo de presión de la Coalición Cristiana en el capitolio del estado de Texas. Dos de los principales asuntos en los que ejercía presiones la Coalición Cristiana eran el de su oposición al aborto y a los derechos de los homosexuales.

Yo no había oído hablar de la tal Elaine White hasta que recibí aquel correo electrónico, pero no tardé en descubrir que nuestras experiencias no podían haber sido más diferentes. En tanto que Elaine disfrutaba de un gran éxito en su trabajo con los personajes de la extrema derecha tejana, yo era voluntario de la ONG izquierdista de Norman Lear, People for the American Way, PFAW (Gente por el Camino Americano). Al mismo tiempo, yo me ganaba la vida haciendo lecturas privadas como médium profesional y estaba escribiendo mi primer libro, *Talking to Heaven* (*Hablando con el cielo*). Además, hacía poco que estaba saliendo con un chico (ahora mi marido), Brian. Sería muchos años después cuando la tierra se abriría bajo los pies de Elaine y nos llevaría a conocernos personalmente.

A principios de 2011, el hijo de Elaine, Josh, tuvo que emprender un viaje a Oriente Próximo por motivos de trabajo. Josh era un trotamundos, una especie de Indiana Jones, y aquel viaje no era muy diferente de otros que había realizado anteriormente. Elaine y Josh cenaron juntos en un restaurante antes de su partida y, al despedirse, mientras se daban un abrazo en el aparcamiento, Elaine escuchó una voz dentro de su cabeza que decía, «Éste es su último abrazo». Elaine no hizo caso de aquella voz, pues la interpretó como la protesta de una madre cuyo hijo se va a una región del mundo que llevaba semanas ocupando titulares en los periódicos con motivo de la Primavera Árabe.

Diez días después, Elaine estaba a punto de preparar la cena. Llevaba un delantal que decía «La Reina de Todo», que era como Josh la llamaba. Sonó el teléfono. Era la inconfundible voz de su exsuegra.

—¿Has hablado con alguien?

—¿Qué quieres decir? –preguntó Elaine.

—Oh… –dijo la abuela de Josh–. Un avión se ha estrellado. No ha sido provocado.

Elaine se quedó helada cuando se enteró de la horrible noticia: el avión en el que viajaba Josh se había estrellado durante el despegue, cuando partía de los Emiratos Árabes Unidos en dirección a Arabia Saudí. Josh había muerto en el otro extremo del mundo.

Tras una agónica semana, el cuerpo de Josh llegó a Dallas en una caja de madera de pino con su nombre escrito encima con un marcador de color negro. Elaine fue en coche desde su casa, cerca de Houston, hasta el aeropuerto. Iba con su primo Randy, quien tenía una funeraria en la ciudad. Más tarde, mientras se dirigían desde el aeropuerto hasta el tanatorio, Elaine dijo:

—Randy, soy una mujer fuerte. Sé que el avión se incendió después de estrellarse, pero necesito ver el cuerpo de mi hijo. Necesito ver algo… un dedo de una de sus manos… o de un pie…

A la mañana siguiente, Randy le dijo a Elaine que no le iba a permitir pasar por esa experiencia, pero que tenía algo para ella que podría guardar: Josh se había dejado crecer la barba durante aquel tiempo para pasar más desapercibido en Oriente Próximo, y Randy había tomado para ella un mechón de su bigote. En la actualidad, Elaine conserva ese mechón de su hijo en un bello colgante de plata.

La ceremonia fue especialmente triste. Para la ocasión, Elaine había encargado unos puntos de libros con la foto de Josh y un versículo bíblico, que entregó a los asistentes. Durante el entierro, cuando estaban bajando el féretro de Josh a las profundidades de la tierra, Elaine llegó a la conclusión de que nunca más volvería a ser la Reina de Todo. Si lo hubiera sido, habría impedido que Josh partiera en aquel viaje.

Tras el funeral, toda la familia se fue a comer a Olive Garden. Curiosamente, cuando se presentó el camarero dijo:

—Hola, mi nombre es Josh. Seré el encargado de servirles.

Elaine se quedó petrificada.

Después, al llegar la noche, se fueron a cenar a Morton's. Cuando se presentó el camarero que les iba a atender dijo:

—Hola, mi nombre es Josh. Yo les serviré esta noche.

¿Qué estaba pasando?

Varios días después de regresar a casa, el ordenador de Elaine comenzó a dar problemas, de manera que llamó a unos chicos entendidos en informática para que fueran a arreglarlo. Le dijeron que enviarían a un técnico y, poco después, cuando abrió la puerta, se encontró con un joven que se presentó diciendo:

—Hola, mi nombre es Joshua. He venido a reparar su ordenador.

El año que siguió fue muy duro para Elaine. Las Navidades, especialmente. Los cumpleaños también fueron muy duros. Hasta que, casi un año después de la muerte de Josh, Elaine decidió asistir a un congreso organizado por el Omega Institute en Nueva York.

En su primer taller, «Las mujeres y la felicidad: Encontrar la alegría en el dar y recibir», Elaine se encontró de pronto en una sala donde se congregaban alrededor de mil mujeres. A pesar de haber entre ellas varias escritoras y conferenciantes reconocidas y respetadas, Elaine se dio cuenta de que aquello no la hacía feliz en modo alguno. De manera que fue en busca de la organizadora del evento y le preguntó si podría probar con un taller diferente.

—¡Claro! –respondió la organizadora–. Te puedo incluir en el taller de James Van Praagh, «Tocando el mundo invisible: Descubriendo tu yo espiritual».

Elaine no sabía quién era yo.

—James es un famoso psíquico –dijo la organizadora.

En otro momento de su vida, Elaine había pensado que los psíquicos y las médiums eran algo demoníaco. Aquello era al menos lo que le habían enseñado en su formación religiosa «fundamentalista». Pero el sistema de creencias de Elaine había evolucionado bastante con el tiempo. Una familiar muy cercana había tenido que abortar y Elaine había cuidado de ella tras la intervención. Por otra parte, un primo suyo había salido del armario para declararse gay y luego se había convertido en sacerdote episcopaliano. Mientras Elaine dudaba en si debía acudir a aquel taller, una idea cruzó por su cabeza: «Bueno, hasta Jesús charló con Moisés y con Elías en el Monte de la Transfiguración, ¿no? ¿Cómo va a ser malo eso?». Así pues, se decidió a asistir a mi taller y encontró un asiento entre alrededor de trescientas participantes.

He impartido numerosas conferencias, por lo que no recuerdo demasiado bien aquella en concreto, de modo que tuve que preguntarle a Elaine qué había pasado ese día. Ella me dijo que yo me había presentado ante el auditorio y que les había hablado un poco de mí mismo y de cómo trabajaba. Dije que todo es energía y que la energía nunca muere, sino que cambia de forma. Cuando el cuerpo físico muere, la energía que constituye nuestra conciencia sobrevive, y añadí que yo tenía la capacidad para acceder a esa energía. Pero que no elegía con quién comunicarme, sino que me elegían a mí. La gente no es muy diferente tras haber abandonado el mundo físico, y añadí que, si uno es extravertido y es un buen comunicador aquí en la tierra, es muy probable que lo sea también en el otro lado.

Después de hacer unas cuantas lecturas para las asistentes, Elaine me oyó decir:

—Le voy a hablar a la madre de Joshua, quien recorría el mundo, hablaba varios idiomas y era un poco sabiondo.

Elaine se puso en pie mientras le temblaban las piernas.

Le dije a Elaine que Josh no quería verla tan afectada, que se encontraba muy bien y que estaba con su hermana. «¿Qué hermana?», pensó Elaine. Y entonces se acordó de un aborto que había tenido cuando Josh era muy pequeño. Ya entonces, Josh le había comentado que era una niña. Pero lo que definitivamente cautivó la atención de Elaine fue cuando dije:

—Josh te está poniendo una tiara en la cabeza. ¡Y tú sabes lo que eso significa!

Elaine se echó a llorar… ¡La Reina de Todo!

Al terminar el evento, Elaine no dejaba de darle vueltas a la cabeza. «¿Realmente había ocurrido aquello? ¿Cómo podría saber James todo eso si no se hubiera comunicado con Josh?». Para entonces comenzó a sentir hambre, de modo que se fue a cenar. Elaine sonrió para sí cuando el camarero, nuevamente Josh, se presentó. Disfrutó de una cena tranquila porque sabía que su hijo, el sabiondo, había conseguido finalmente contactar con ella. Josh había estado tirando de los hilos desde el cielo, y Elaine había sentido el tirón.

A partir de entonces, Elaine mantuvo una actitud abierta, a la espera de recibir señales de Josh. En el tercer aniversario de su fallecimiento, el 27 de febrero, Elaine y su marido se desplazaron desde Houston a Dallas para visitar la tumba de Josh. Se pasaron toda la tarde sentados en una manta al lado de la tumba y regresaron a casa al día siguiente. Entonces Elaine se dio cuenta de que las matrículas de su coche habían caducado tres meses atrás. «Por favor, que no nos pongan una multa de regreso a casa», rezó en silencio, al tiempo que prometía que subsanar su descuido sería lo primero que hiciera al día siguiente. Fiel a su palabra, Elaine fue a la oficina del Departamento de Vehículos de Motor al día siguiente. Pero, cuando al fin le llegó su turno en el mostrador, la funcionaria no se mostró nada contenta con ella.

—¿Ha estado usted conduciendo el vehículo desde diciembre? –le preguntó de mal humor.

Elaine le habló de su reciente pérdida y del motivo de su descuido, y la funcionaria rebajó el tono y procedió a registrar de nuevo su automóvil. Mientras esperaba, Elaine dejó vagar la mirada por el cubículo en el que trabajaba la funcionaria y se encontró con el rostro de su hijo. Sujeto con una chincheta en el tablero a modo de pared vio uno de aquellos puntos de libros que Elaine había encargado para el funeral de Josh.

—¿Dónde ha conseguido usted ese punto de libro? –preguntó Elaine.

La desconcertada funcionaria se dio la vuelta y respondió:

—Una compañera de trabajo me lo dio. Yo estaba pasando por unos momentos muy duros de mi vida, y ese punto me dio el coraje suficiente para salir adelante. Ese versículo de la Biblia siempre me levanta el ánimo.

Elaine le explicó que la foto que había en el punto era de su hijo. Sobrecogida y azorada, la funcionaria realizó el resto de la gestión atendiendo de una forma exquisita a Elaine. Josh tiraba de los hilos de nuevo.

Elaine prefiere estar lejos de casa en el día del cumpleaños de Josh, el 23 de abril, así como durante las vacaciones. Ella sabía que tenía una buena historia que contar –la de su tránsito desde el fundamentalismo cristiano hasta una fe más abierta y tolerante, y la de los recordatorios constantes de su hijo, que en realidad no se había ido– y estaba contemplando la posibilidad de compartir su historia en público.

Elaine quería contar su historia con humor, de modo que decidió ponerse en contacto con Judy Carter, autora de *The Comedy Bible* (*La Biblia de la comedia*) y de *The Message of You* (*Tu mensaje*). Elaine había recurrido a los principios de la comedia en otro tiempo, cuando se dedicaba a la venta, de modo que contrató a Judy para que la entrenara y, casi sin darse cuenta, se encontró de pronto en uno de los talleres que impartía Judy en Los Ángeles. Judy es una cómica hilarante que da la casualidad que es homosexual y judía, y ambas se hicieron amigas rápidamente. No mucho después, Elaine se encontraba sobre un escenario, en Austin, contando su historia.

Lo cual nos trae de vuelta a ese jueves aparentemente ordinario en el que el vídeo con la charla de Elaine llegó a la bandeja de entrada de mi correo electrónico. Desde entonces, Elaine y yo hemos hablado en varias ocasiones sobre su viaje de fe y transformación. Se mostró muy abierta y dispuesta a colaborar con todas las secciones de su historia que yo no conocía, y hemos quedado en cenar juntos pronto, la próxima vez que vaya a Texas.

Cuando imparto charlas, suelo hacer referencia a una cita de Albert Einstein, «Una coincidencia es la manera que tiene Dios de mantener el anonimato». La historia de Elaine es demasiado increíble como para tratarse de una ficción. ¿Acaso no es posible que el mundo espiritual y nuestros seres queridos que residen allí puedan afectar de algún modo a nuestra existencia en esta dimensión física? ¿Y no tendría sentido que la fuerte conexión que unía a Elaine y a Josh en el plano físico hubiera podido mantenerse, a pesar del hecho de que Josh ya no estuviera aquí físicamente?

La energía no muere, sobre todo la energía del amor, que es de lo que todos estamos constituidos. Nuestros seres queridos no dejan de amarnos cuando pasan del mundo físico al mundo espiritual. De hecho, debido a que su energía ya no se enfoca a través de las tres dimensiones de su cerebro, son capaces de permanecer más cerca de nosotros que cuando habitaban un cuerpo. Son Omnipresentes. Nos Nutren. Su Energía nunca muere. Somos UNO.

❦ 2 ❦

La bondad es lo único que importa

Sunny Dawn Johnston

A las pocas horas de comenzar nuestra formación de voluntariado en un hospital para enfermos terminales nos dieron la primera tarea: escribir nuestro propio obituario. Todo el mundo, salvo un aguerrido motorista con barba, nos fuimos fuera a escribir entre las rojas rocas de Sedona. Aquel tipo, Tim, parecía tímido pero, cuando me estaba preguntando qué le habría llevado a desempeñar un trabajo de voluntariado en un sitio así, escuché al Espíritu responder con el término «gigante amable». Cuando Tim se reunió con el resto de la gente, después de fumarse un cigarrillo tras uno de los edificios, le ofrecí una hoja de papel para que escribiera su obituario. Con el olor de la nicotina todavía en su aliento, me dijo:

—No voy a escribir ningún jodido obituario. Ni siquiera deseo un obituario para mí cuando muera.

Así comenzó nuestra amistad.

Durante los doce años siguientes llegué a apreciar nuestra conexión anímica. Tim y yo entrelazábamos nuestras vidas en un constante flujo y reflujo. Asistía a mis cursos, o bien venía a verme en sesiones privadas o aparecía de pronto en algún evento aquí o allí. Cada vez que le veía, mi corazón se expandía un poquito más. Tim vivía duro y jugaba duro, y a mí me encantaba su espíritu y su arrojo, ese carácter que le llevaba a decir las cosas tal como son. Tim era una inspiración, un reto, un maestro y un discípulo, todo al mismo tiempo. Pero, por encima de todo, Tim estaba consagrado al servicio.

Con los años, llegué a conocer a la familia de Tim, y también a algunos de sus amigos. Incluso, Tim terminaría dando clases de vez en cuando en mi centro de sanación. Era un gozo verle desenvolverse en un papel que le encajaba a la perfección, y aquello parecía llenarle realmente.

Pasaron los años y, un día, vino a verme para una sesión privada. En cuanto entró, sentí que algo no iba bien; y, en cuanto me senté con él, mi espíritu lo supo. Tim me dijo que le habían dado plaza en un hospital para enfermos terminales. Tantos años jugando duro le habían pasado factura finalmente, y su corazón funcionaba sólo al 15 por 100 de su capacidad. Hablamos durante un largo rato. Tim adoraba a su familia y tenía miedo de dejarles, pues no quería ni pensar el dolor por el cual tendrían que pasar para seguir adelante sin él. Nunca le había visto llorar, pero aquel día lloró y, mientras lo hacía, supe que estaba más en su cabeza que en su corazón. De manera que le puse la mano en el pecho y le pedí que dirigiera su atención allí.

—De acuerdo, amigo mío, está bien que sientas esa tristeza, pero vamos a escuchar lo que tu corazón, tu espíritu, tenga que decir. ¿En qué quieres concentrarte? ¿En tu miedo o en tu amor?

Tim me respondió con más preguntas.

—¿Qué va a pasar Sunny? ¿Voy a morir?

—Sí, Tim, vas a morir –le respondí–, pero no en mi turno… y no será pronto.

Una semana después estábamos de vuelta en Sedona. Yo estaba haciendo una presentación durante un evento con el fin de recaudar fondos para el hospital, y Tim y su esposa eran invitados especiales. El duro y rudo motorista que yo había conocido once años atrás se parecía ahora más a aquel gigante amable del que me había hablado mi espíritu. Ya no podía caminar por sí solo, de manera que Teri, su leal esposa, permanecía junto a él, empujando la silla de ruedas.

Su cuerpo se debilitaba, pero su espíritu aún era fuerte. Durante el evento, invité a Tim a subir al escenario y compartir con los demás lo que para un voluntario de cuidados terminales era encontrarse al otro lado de la cama. Aplausos y lágrimas fueron la respuesta a sus palabras por parte del público.

Pasó un año sin que nos comunicáramos demasiado, algo habitual entre Tim y yo. No obstante, nuestros espíritus estaban siempre conectados, de tal modo que, aunque no nos viéramos cara a cara, siempre estábamos «en contacto». Sin embargo, el mismo día en que me comunicaron por teléfono que uno de mis alumnos más antiguos había fallecido el día anterior, recibí otro mensaje del Espíritu. Era muy claro: «Has de ver a Tim». Tal como debía estar previsto en aquella sincronización divina, tan sólo unas horas después de reorganizar mi horario, recibí un correo electrónico de la hija de Tim en el que me preguntaba si podría ir a verle. Le dije que estaría allí al viernes siguiente.

Fue en una hermosa tarde de enero cuando Robin, una amiga muy querida tanto mía como de Tim, y yo partimos hacia su casa. Justo antes de salir, el Espíritu me guio para que me guardara en el bolsillo algunas monedas de arcángeles. Tomé cuatro monedas para compartirlas con Tim y su familia, con el fin de recordarles que los ángeles estarían con ellos durante los últimos días.

La mujer y la hija de Tim nos recibieron con abrazos, y también nos saludaron otros miembros de la familia. Me sorprendió que hubiera tanta gente en la sala de estar donde Tim se había instalado durante los últimos meses de su vida. Era como si estuviera concediendo audiencia en la corte, con todo el mundo reunido alrededor de su sillón, absorbiendo cada instante como algo precioso. Cuando me acerqué a Tim después de tanto saludar, parecía un hombre vencido en su sillón reclinado, con la máscara de oxígeno puesta. Era una persona muy diferente de la que yo había conocido doce años atrás. Parecía más blando, más silencioso y temeroso.

—Buenos días —dijo mientras me acercaba y le daba un abrazo.

Tim me apretó con fuerza. Nuestras almas estaban felices de reencontrarse. Charlamos acerca de la vida, la familia, el tiempo. Sin embargo, al cabo de media hora más o menos, llegó el momento de ir al grano.

—Sunny, ¿qué hago? ¿Voy a morir ya?

Le respondí con una sonrisa mientras me ponía en pie y le cogía de la mano.

—Eso me lo has de decir tú a mí, Tim. ¿Qué vas a hacer? Depende de ti, amigo mío.

Esbozó una mueca, una mezcla de sonrisa y de llanto. Tim sólo quería una respuesta, una respuesta que yo no podía darle... aún no, en cualquier caso. Yo sentía que su cuerpo estaba cansado, que su fuerza vital había disminuido y que se encontraba muy cerca de la transición. Pero la muerte es un viaje muy personal, un viaje que nuestro yo físico se esfuerza por discernir.

Mientras Tim y yo hablábamos de lo que él iba a hacer, observé que se movía entre este mundo y el siguiente. A lo mejor decía algo muy profundo y directo, para luego alejarse y musitar cualquier cosa. He estado con muchas personas durante su proceso de transición, y he observado esta danza entre los dos mundos en numerosas ocasiones. Resulta fascinante presenciarla.

—Sunny, tienes unos círculos negros borrosos alrededor de la cabeza —me dijo cuando volvió—. Flotan a tu alrededor. Son muy oscuros. Yo sabía intuitivamente que lo que estaba viendo eran sus propios miedos manifestados, pero esperé un poco para decírselo. Tan sólo me dediqué a escuchar. Al cabo de un rato, me preguntó si yo podía verlos también.

—No —le dije—. No puedo verlos, Tim, pero los he sentido cuando he entrado.

Tim me miró un tanto sorprendido mientras yo proseguía:

—No tienen que ver conmigo, amigo mío. Son tus miedos.

—Yo no tengo miedo de morir —dijo con aquella energía del motorista duro de antaño—. Llevo mucho tiempo esperando para graduarme.

Tim le llamaba «graduación» a la muerte.

—Te escucho, Tim; y sí, has estado esperando mucho tiempo, pero nunca te has hallado tan cerca como ahora. ¿Estás dispuesto a atravesar esos miedos conmigo, para que puedas decidir con claridad lo que te gustaría hacer?

Durante la hora siguiente, ambos estuvimos abordando cada uno de sus miedos y, poco a poco, aquellas cosas negras borrosas que veía alrededor de mi cabeza se fueron desvaneciendo de una en una. Uno de sus mayores temores era el de abandonar a su mujer y su familia. Le pregunté si creía que estarían bien, y guardó silencio. Les pedí a todos entonces que se unieran a nosotros y que le tranquilizaran, una vez más, diciéndole que estarían bien sin él. Aunque se lo habían dicho una y otra vez, él necesitaba escucharlo de nuevo… *ahora,* en ese momento exacto. Le dijeron lo mucho que le querían y que siempre estaría con ellos en su corazón. Todos los que se encontraban en la casa tenían el rostro arrasado por las lágrimas. Te abría el corazón presenciar aquel amor. Pero, mientras hablábamos, aún había algo más, algún otro miedo que todavía no habíamos abordado. Sintonicé y le pregunté al Espíritu, pero no estaba segura de estar recibiendo la respuesta correcta. No parecía tener sentido.

Al final, resultó que el mayor temor de Tim, del que nada sabíamos quienes estábamos allí, era que no había cumplido con su propósito en la vida. Un hombre que se había pasado la existencia ayudando a los demás, invirtiendo miles de horas en personas que se encontraban en el proceso de transición, que había compartido sus creencias y filosofías con todo aquel que pudiera estar interesado, que amaba a su familia y amigos incondicionalmente, que había enseñado a la gente acerca de la vida y el amor a través de la energía y la sanación… este hombre sorprendente sentía que no había cumplido con su propósito vital. Me quedé impactada al escuchar aquello, y me sentí muy triste. Y supe de inmediato que tenía un trabajo que hacer en cuanto llegara a casa. El hecho de ver a mi gigante amable con lágrimas en los ojos, sintiendo que aún no había hecho bastante por la humanidad, encendió un fuego en mi interior.

Tim pidió una pizza para comer aquel día, y yo supe intuitivamente que aquélla sería la última comida con su familia. Había llegado el momento de irme y de dejarles que disfrutaran de su mutua presencia. Mientras me despedía, le di a Tim una de las monedas de ángeles guardianes que había traído, y le dije que recordara que, aunque les había hecho trabajar de lo lindo, ahora dependería de ellos, por lo que sería mejor que se portara bien. Nos echamos unas risas, le abracé por última vez y las risas se convirtieron en lágrimas.

Mientras Robin y yo nos íbamos, le dije a Teri que Tim no tardaría en partir, pero que tanto ella como yo teníamos trabajo que hacer. Su trabajo consistiría en conseguir que Tim regresara al centro de cuidados paliativos, dado que yo tenía la sensación de que no abandonaría su cuerpo en tanto siguiera en casa. Esa parte del plan ya estaba en marcha. Sólo estaban esperando a los médicos y a los empleados de la aseguradora para trasladarlo. Pensaban ponerse en camino esa misma noche. Aquello me generó la familiar sensación de saber que la próxima vez que viera a toda aquella gente ya habrían perdido a la persona que tanto querían. Es un sentimiento al que no he conseguido acostumbrarme jamás.

Robin y yo bajábamos cogidas del brazo por la acera en dirección al coche, llorando. Me llevé la mano al bolsillo y sentí el tacto frío de las otras tres monedas de ángeles guardianes, y me detuve.

—¡Se me ha olvidado darles las monedas de los ángeles! –exclamé.

Y en aquel mismo instante escuché al Espíritu decir: «Ya se las darás en el funeral». Un escalofrío me recorrió el cuerpo, y deposité toda mi confianza en el Espíritu. Mientras Robin y yo regresábamos a casa, estuvimos hablando de la presencia del Espíritu, que habíamos sentido con nosotras durante toda la tarde. Había sido asombroso ver a Tim pasando de un lado al otro del velo. Pero, por encima de todo, lo que nos costaba superar era saber que, con todo lo que había hecho en su vida, siguiera sintiendo que no era suficiente. Cuando llegué a casa percibí cierta urgencia en el ambiente. Tenía hambre, pero no comí nada. Debía poner en marcha mi plan de inmediato. Me senté delante de la mesa de mi despacho, saqué mi iPhone y, sintiendo la tirantez de las lágrimas secas en mi piel y el corazón henchido de amor, me grabé un vídeo y lo subí a mi blog, donde yo sabía que muchos de los alumnos, clientes, amigos y la familia de Tim lo iban a ver. En el vídeo, les pedía que compartieran cualquier pensamiento, sentimiento o experiencia que hubieran tenido con Tim, que mostraran de qué modo había alcanzado las vidas de todas las personas que le habíamos conocido. Le pedí a Teri que compartiera estos mensajes con Tim mientras aún estuviera en su forma física para que él pudiera ver el impacto que había tenido en el mundo y supiera que sí había cumplido con su propósito. Al cabo de pocos minutos comenzaron a entrar mensajes…

… y entraron…

… y siguieron entrando…

Serían alrededor de las once de la noche cuanto Teri y Tim fueron acomodados en su nuevo espacio en el centro de cuidados. Teri se sentó en la cama con él y puso en marcha el vídeo para verlo juntos. Después le leyó los mensajes, todos y cada uno de ellos, con los comentarios amorosos sobre Tim y el servicio que había prestado a la humanidad. Historias acerca de su amor, su apoyo, su bondad, su servicio, y del impacto que había supuesto en la vida de cada uno de ellos. Gente que ni siquiera conocía a Tim comentó que les resultaba muy inspirador que hubiera habido una persona así en el mundo. Pocos minutos después, Tim exhalaba su último aliento, «graduándose» con honores en este mundo físico.

Mientras dirigía mi coche hacia el acto de celebración de la vida de Tim, me acordé de que quería compartir las monedas de los ángeles guardianes con el resto de su familia, pero no pude encontrarlas. Las busqué por todas partes. Vacié el bolso para buscarlas, pero no estaban. Me sentí muy apenada. Para mí era muy importante darle a cada una de ellas una moneda de los ángeles, como había hecho con Tim un par de semanas antes. Rebusqué frenéticamente en mi bolso una vez más, pero nada. «Ríndete», oí decir mientras salía del coche, derrotada. Sentí un estremecimiento de frío, de modo que me puse el abrigo, un abrigo que había comprado recientemente, y me dirigí hacia la casa. Mientras me acercaba a ella, metí las manos en los bolsillos del abrigo y, para mi sorpresa, me encontré con cuatro monedas de ángeles… en el bolsillo de un abrigo que ni siquiera me había llegado a poner hasta aquel día.

—Gracias, Tim –dije en voz alta con una sonrisa.

Me habían pedido que oficiara el servicio, de modo que comencé con un «¡Buenos días!». Tim solía saludar a todo el mundo de esta manera, aunque fuera por la tarde o por la noche. De hecho, el día que lo conocí en aquel retiro de Sedona se había presentado con un resplandeciente «Buenos días», que a mí no me había parecido extraño porque era por la mañana. Pero había otro motivo por el cual Tim utilizaba este saludo en particular. Para Tim, en todo momento era de mañana, una buena mañana; porque, independientemente del momento del día que fuera, siempre podías elegir darle la vuelta a tu jornada. Podías comenzar el día de nuevo en cualquier instante. Con la ayuda de Tim y con su guía, realizamos un hermoso servicio, lleno de historias sobre él y su vida. Y cuando llegamos a esa parte del servicio en el que, por lo general, yo hubiera leído el obituario, como sabía muy bien cómo era Tim, opté por compartir la historia del día en que nos conocimos.

«No quiero ningún jodido obituario cuando muera. No quiero que la gente diga cosas acerca de mí cuando me haya ido. Quiero que me las digan mientras aún estoy vivo». Esto era lo que él había dicho tantos años atrás.

Después, Tim continuó con este mensaje para todos nosotros: «Decidle a la gente que la queréis sólo hasta el punto en que la queréis, porque la queréis, y compartís con el corazón abierto, en ese instante. No perdáis nunca la oportunidad de decir "te quiero". Y, a la postre, la bondad es lo único que importa».

Mientras recorría el patio donde se preparaba el cerdo asado (en honor al gigante amable Tim, que se autoproclamaba maestro asador), vi un hermoso banco de madera, que habían puesto para que todo el mundo firmara en él. En el banco, pintadas, estaban las mismas palabras que yo había pronunciado sólo unos minutos antes, como guiada por Tim: «A la postre, la bondad es lo único que importa».

❧ 3 ❧

Todo cuanto importa

Lisa McCourt

Una de las mejores conversaciones que haya tenido jamás con mi madre se produjo durante la semana posterior a su fallecimiento. Hablamos del apego inherente a la dinámica madre-hija y de las muchas maneras en que tal apego se nos había presentado a nosotras. Ambas coincidimos en que toda una vida de incomprensiones mutuas en muchos aspectos no había podido diluir, sin embargo, el intenso amor que había constituido la banda sonora de nuestra danza juntas.

Como soy una adicta declarada a la metafísica, nunca había dudado de la realidad de tales diálogos interdimensionales con mi madre tras su deceso. Sin embargo, por muchos libros espirituales que le hubiera sugerido a su afligida madre –es decir, mi abuela Polly–, de noventa años, o por muchos que fueran los talleres a los que llevara a Polly, no había nada que pudiera mitigar la angustia que sentía, la que se derivaba de la idea de haber sobrevivido a su preciosa hija única.

Polly le había puesto el nombre de Bettye a su pequeña, añadiéndole una «e» al final porque, como decía Polly, «ella era muy especial». Incluso habían estado viviendo juntas, y habían sido in-

27

separables, durante la década anterior al fallecimiento de Bettye. Como canalicé toda la energía de mi duelo en consolar a Polly, relativamente, no me costó mucho hacer las paces con la transición de mi madre. Había tenido que poner toda mi atención en mi abuela, buscando formas para ayudarla a superar el más intenso sufrimiento emocional que yo haya presenciado jamás en una persona.

Durante mis «conversaciones» con el espíritu de mi madre, le rogaba que conectara con su madre del mismo modo que lo hacía conmigo. Me desesperaba el hecho de que Polly no comprendiera que el amor es más grande que el mezquino cuadro vida/muerte, que el amor atraviesa las dimensiones, que el amor es todo cuanto importa. Desde su mundo espiritual, mi pícara madre se encogió de hombros y me explicó que si nuestra relación persistía se debía sólo al hecho de que yo permaneciera tan abierta a ello. Era como si dijera, «Yo estoy aquí si Polly quiere, pero no depende de mí».

En el plano terrestre, Bettye había sido una mujer muy glamurosa. Poco antes de morir, me había dado sus impresionantes pendientes de diamantes como regalo de cumpleaños. Mi madre llevaba aquellos pendientes a diario, eran sus pendientes de ir a la compra; de ahí que me dijera severamente:

—No son para que te los pongas en ocasiones especiales. Llévalos en todo momento, como he hecho yo. Te los mereces.

Su reconvención no era infundada. Aunque cada año, para mi cumpleaños, me había regalado alguna pieza especial de su joyero, yo rara vez me ponía aquellas reliquias de familia. Cierto es que las guardaba como un tesoro, pero es que no encajaban con mi estilo de vida desenfadado, y tampoco quería arriesgarme a perderlas. Bettye desaprobaba de todo corazón mi comportamiento, y me lo hizo saber repetidas veces cuando aún conservaba su cuerpo terrestre.

No mucho después de su tránsito, saqué los pendientes de diamantes «de diario» para un evento formal al que había sido invitada. Me los puse y comprobé a conciencia los cierres, para asegurarme de que no los perdería, y disfruté de una despreocupada velada nocturna, cenando y bailando. Cuando regresé a casa, sólo llevaba un pendiente. Rebusqué frenéticamente por el coche, la casa, e incluso me fui al recinto donde había tenido lugar la velada. Realicé innumerables llamadas telefónicas. El pendiente había desaparecido, a pesar de que en todas las fotos se me veía con ambos pendientes. Con el corazón roto, llamé a Mamá-Espíritu para confesarle mi fiasco.

—Te dije que no los guardaras para una ocasión especial, zoquete –dijo ella entornando los ojos, pero riendo–. ¡Has perdido cientos de ocasiones de llevarlos! Mira, quiero que hagas lo siguiente: llévale a mi joyero, Paul, el pendiente que aún te queda y dile que lo ponga en esa gargantilla de oro que te regalé, y luego ponte esa maldita gargantilla, ¿de acuerdo?

Hice lo que me mandó y, desde entonces, no he dejado de llevar esa gargantilla. Si se tiene en cuenta que todo esto tuvo lugar la semana anterior a mi cumpleaños, no será difícil imaginar lo que mi madre tramaba. Y ella misma me confirmó la sospecha, con ese brillo tan malicioso y travieso en los ojos que me resultaba tan familiar.

—Tenía que encontrar alguna manera de hacerte mi regalo de cumpleaños –dijo bromeando, mientras su risa satisfecha resonaba por todo mi campo de energía.

Sin embargo, a Polly aquello no le impresionó ni lo más mínimo.

—Simplemente, lo perdiste –dijo, y llegó a la conclusión a la que habría llegado cualquier persona lógica y con los pies en el suelo.

No obstante, yo, luciendo mi magnífico regalo de cumpleaños, sabía exactamente quién me lo había sacado de la oreja y por qué.

Cada pocos meses ocurría algo similar a la situación del pendiente perdido. Yo trabajo y me desenvuelvo en círculos espirituales y metafísicos, de modo que mis amigas y colegas aplaudían con cariño mis anécdotas con Mamá-Espíritu. Pero, cuando intentaba contarle estas mismas historias a Polly, lo hacía de una forma inexplicablemente torpe. ¿Por qué la persona a la que más deseaba reconfortar con esa información era aquella con la que me costaba más compartir esas cosas? Me sentía desde el punto de vista emocional en conflicto, nerviosa. ¿Acaso no estaría yo negando de algún modo la situación? Quizá no había procesado de una forma adecuada la muerte de mi madre. ¿O quizás estaba buscando atención? Por real que pudiera parecerme, ¿no me lo estaría inventando todo? ¿No estaría siendo insensible al abordar con mi fantasioso juego a una mujer tan profundamente compungida por el duelo? ¿No sería un sacrilegio lo que yo estaba haciendo? ¿No estaría deshonrando la muerte de mi madre?

Tengo la impresión de que Polly quería creer, pero era una mujer que leía la Biblia a diario, que había sido maestra de la escuela dominical y que no podía aceptar ideas que, para ella, estaban más allá de los límites de su querida fe. Yo diría que Polly envidiaba dolorosamente mi conexión con Bettye tras su muerte, al tiempo que se negaba a aceptar aquella realidad.

A pesar de tal contratiempo, mi relación con Polly siguió profundizándose, y su mortificante tristeza comenzó a mitigarse poco a poco. Nos lo pasábamos bien juntas, con nuestras aventuras semanales, que iban desde ir a sesiones de acupuntura hasta salir a comprar verduras. Y así prosiguió nuestra vida hasta que la invitaron a la boda de una sobrina nieta, y Polly me pidió que la acompañara con mi coche.

Fue un largo viaje, pues tuvimos que cruzarnos todo el estado de Florida, pero planificamos nuestras paradas y nos aprovisionamos con *snacks*, música y un audiolibro que me apetecía escuchar, *La otra vida de Billy Fingers: Cómo mi hermano me demostró que hay vida después de la muerte*, de Annie Kagan.[1]

Al principio del libro, se hablaba de una moneda que había sido una señal «del otro lado». Cuando nos detuvimos en nuestra primera área de descanso, al abrir la puerta del coche, me encontré con una brillante moneda de un centavo que me sonreía desde el suelo. La recogí y se la enseñé a Polly.

—¿Ves? Mamá nos da una moneda. Estaba escuchando el libro con nosotras, ¡y ésta es su manera de decirte que prestes atención!

Aunque se lo decía en un tono desenfadado y nada grave, en lo más profundo de mi pecho yo sabía que aquello era así realmente. Pues bien, Bettye-Espíritu siguió jugando con nosotras durante

---

1. Publicado en castellano, en papel, por Arkano Books. Móstoles, 2015. *(N. del T.)*

el resto del viaje, un viaje de nueve horas de duración. Una ristra de canciones plenas de significado en la radio… el nombre de una empleada en su etiqueta en la siguiente área de descanso… una comanda del plato favorito de mi madre que nos trajeron «accidentalmente» a nuestra mesa durante la cena.

De forma suave, pero insistente, le fui señalando cada una de aquellas «coincidencias» a Polly, que se limitaba a sacudir la cabeza mientras me miraba melancólicamente y esbozaba una sonrisa tolerante.

Al final, entré en comunicación con Bettye en privado y le dije, «¡Venga, mamá! ¿Es esto lo mejor que sabes hacer? Para mí está claro que estás viajando con nosotras, pero ¿no podrías hacer algo más convincente para ella?».

Mi ardiente y hermosa madre nunca fue de las que retroceden ante un desafío.

Por fin, llegamos a la casa del hermano pequeño de Polly y, tras un buen descanso, nos empezamos a preparar para la boda. Ayudé a Polly a ponerse su vestido de gala y luego me senté en el borde de la bañera del cuarto de baño para admirar sus habilidades con el maquillaje. Su leve sonrisa se desvaneció cuando se puso a rebuscar en la bolsa de maquillaje, al tiempo que fruncía una ceja.

—¡Oh, no! ¡Oh, no! No lo he traído –dijo con un gemido.

—¿Traer qué?

—Mi pintalabios. Oh, detesto ir a una celebración como ésta sin pintarme los labios. ¿Crees que te daría tiempo para ir a buscarme un pintalabios antes de la ceremonia?

—Nos va a venir muy justo –dije, mientras me apresuraba a buscar las llaves del coche.

Cuando las encontré, un rayo de sol, filtrándose desde la ventana, se reflejó en algo brillante dentro de mi maleta, que estaba abierta. Me acerqué a mirar y vi que se trataba de una caja plateada de lápiz labial. Yo no uso pintalabios, y nunca me había comprado ni había tenido una cosa como aquélla. Lo cogí y se lo llevé a Polly.

—Sé que te va a resultar muy difícil de creer, pero he encontrado este pintalabios en mi maleta. No tengo ni idea de dónde ha salido, y puede que no te sirva, pero te lo enseño por si acaso lo puedes usar.

Polly examinó el objeto.

—Es de mi marca… y también de mi color de labios. ¿De dónde lo has sacado?

—Ya te lo he dicho, de mi maleta. No estaba cuando hice la maleta en casa, ni tampoco cuando la he desecho aquí, al llegar. Será que, después de todo, lo has traído y que, de algún modo, ha terminado en mi maleta en lugar de en la tuya.

Polly abrió el tubo del pintalabios. Apenas estaba usado.

—No –susurró–. Mi pintalabios estaba casi en las últimas, y éste está prácticamente nuevo. Hace años que no me compro uno.

Al oír aquello, se me erizó la piel de todo el cuerpo, y no me quedó duda de lo que estaba pasando. La siempre a la moda Bettye había sido una entusiasta del maquillaje, mucho más que su hija o su madre. Para ella, el pintalabios era algo tan necesario como el oxígeno que respiraba.

No me atreví a decir en voz alta lo que estaba pensando, por miedo a que fuera excesivo para Polly, por miedo a estar presionándola demasiado con todo aquello. Temía que pensara que yo lo había montado todo de antemano.

Pero no tuve que abrir la boca. Polly levantó la vista, me miró y dijo suavemente:

—Fue Bettye, ¿verdad?

—Creo que sí –respondí cogiéndola de la mano.

Su diminuto pecho tembló, y luego se estabilizó con una respiración lenta y profunda.

—Fue ella… Es ella… Puedo sentirla aquí –dijo finalmente entre lágrimas.

Mi madre ya no se ha vuelto a comunicar con tal grado de efectismo, pero tampoco le ha hecho falta… porque Polly ya lo sabe, lo mismo que lo sé yo.

Hoy en día, ese pintalabios nuevo se halla en el vestidor de Polly, justo al lado del viejo pintalabios que olvidó llevar en aquella ocasión. Escuchamos canciones que nos envían exclusivamente para nosotras.

Encontramos mensajes en monedas, en las nubes y las flores. Soñamos con su cara, olemos su perfume en los sitios más improbables, y escuchamos su contagiosa y despreocupada risa en las grabaciones de risas de las comedias de televisión.

Y lo sabemos. Ahora, juntas, lo sabemos.

4

Lo verdaderamente auténtico

Chelsea Hanson

Mientras me aproximaba a la gruesa puerta de vidrio de aquel edificio de oficinas donde tenía concertada una cita, me sentía esperanzada, aunque también insegura. Me había planteado incluso cancelarla, pensando que sería mejor quedarme en casa, en lugar de conducir mi coche por la nieve en un día tan gris.

Una vez dentro, me calmé un poco, gracias al agradable sonido del agua de una fuente que había en la entrada. Las estatuillas de ángeles y los diplomas enmarcados en las paredes me reconfortaban de un modo extraño, en medio de aquel paisaje de oficina, con muebles ubicados de forma desordenada, plantas que también crecían de forma desordenada y pilas de revistas amontonadas.

Trish, con una risa nerviosa y curiosa, me recibió de inmediato en su despacho, me invitó a sentarme en uno de los dos mullidos sillones, y me hundí en el de color verde oliva. Aunque no sabía lo que me esperaba, había pedido cita con Trish para una sesión de terapia angélica. Había encontrado sus referencias en una revista de salud natural, concretamente en un artículo sobre hipnoterapia. A principios de año, Trish me había hecho una sesión de hipnonacimiento cuando estaba embarazada de mi hijo Jacob.

Tras una breve charla para ponernos al día, y sin más preámbulos sobre en qué consistiría la sesión, Trish me preguntó:

—¿Quién falleció debido a problemas cardíacos?

«¡Vaya! –pensé yo–. ¡Qué manera más directa de empezar!».

—Mi padre murió durante una operación a corazón abierto cuando yo tenía cuatro años –respondí.

Trish se mostró perpleja.

—El hombre al que veo parece más mayor y tiene el cabello gris, lleva gafas y está leyendo el periódico.

—Bueno… ése podría ser mi padre –dije–. Parecía más viejo de lo que era cuando murió.

En realidad, yo no sabía si mi padre llevaba gafas o si leía el periódico, porque la verdad es que sabía muy poco de él. Murió en una operación quirúrgica a corazón abierto en 1972, cuando tenía cuarenta y un años. Su muerte dejó a mi madre viuda, con una niña de cuatro años que criar y un negocio que sacar adelante. Mi madre rara vez hablaba de mi padre porque le resultaba demasiado doloroso. Por otra parte, no quería entristecerme cuando yo estaba creciendo, porque su objetivo era protegerme. Yo era su única hija. Recuerdo vagamente la voz de mi padre y el aspecto que tenía, pero no mucho más. La vida de mi padre era un misterio para mí, porque mi madre nunca me hablaba de él.

Trish pareció quedar satisfecha con mi respuesta, y me resultó extraño que se mostrara tan segura de estar hablando de mi padre.

—¿Has tenido alguna vez la sensación de que alguien te tocaba la mano? –me preguntó.

—Sí, recuerdo esa sensación. Pero ya hace tiempo que no la tengo –contesté.

La última vez que había tenido aquella experiencia había sido cuando entré en el instituto. Sentí un leve hormigueo en el antebrazo, junto con unos pequeños pinchazos indoloros. Desde entonces, no había vuelto a pensar en qué podría ser aquello ni qué podría significar.

Pero ahora yo estaba allí, treinta y cuatro años después de su fallecimiento, enterándome de que mi padre podría haber estado en contacto conmigo. ¿Sería posible que el espíritu de mi padre estuviera contactando de nuevo a través de Trish?

Yo no pensaba demasiado en mi padre, pero sí que recordaba mucho a mi madre.

—¿Quién era la persona que no podía respirar o hablar? –preguntó Trish–. Tengo la sensación como de ahogarme, como si tuviera algo en la garganta.

Yo también sentí aquella tensión en la garganta.

—Mi madre no podía comunicarse conmigo cuando estaba muriendo debido a que se hallaba muy débil –dije.

¿Sería posible que Trish estuviera experimentando las sensaciones de mi madre cuando se estaba muriendo?

Mi madre había fallecido diez años antes, cuando yo tenía veintiocho años. Aunque el dolor se había mitigado con el transcurso del tiempo, yo seguía sintiendo su pérdida, y la tristeza se había intensificado de nuevo unos meses atrás, con el nacimiento de mi hijo. No me parecía posible, ni justo, que mi madre no estuviera presente en tan importante momento de mi vida. Sólo de pensar que nunca llegaría a ver ni a conocer a mi primogénito era como vivir su muerte de nuevo.

Las lágrimas recorrieron mis mejillas cuando comprendí lo que estaba diciendo Trish, y sentí la ondulación de un escalofrío en mi espina dorsal.

¿Cómo podía saber Trish esas cosas? No había forma de que pudiera saber cómo había muerto mi madre ni los detalles de su fallecimiento. ¿Sería posible que Trish estuviera comunicándose con mis progenitores? Yo estaba atónita con la información que me estaba dando, y sin embargo me alegraba de que fuera posible entrar en comunicación con mi madre; justo en aquel lugar y en aquel momento, con Trish como canal. Recuerdo que dejé a un lado mi incredulidad, puesto que yo deseaba intensamente comunicarme con mi madre. Quería creer que Trish estaba conectando con el reino espiritual y me estaba trayendo a mi padre y a mi madre.

Trish parecía dispuesta a seguir adelante.

—Hay un conejo. Estoy viendo un conejo –dijo, y lo describió.

Al principio, yo no tenía ni idea de lo que significaba aquello.

—No estoy segura… Siempre me han gustado los conejos. De hecho, he decorado mi casa con conejos y figuritas de aspecto *vintage*…

Mi voz se apagó. El mensaje no parecía correcto.

—Cuéntame más –insistió Trish.

—¡Oh! –exclamé nerviosa–. Debes referirte al muñeco de peluche con orejas marrones flexibles, brazos y piernas movibles, largos bigotes y pelaje de hilo que me compré el mes pasado, cuando mi mejor amiga y yo hicimos nuestra habitual salida «sólo para chicas».

¿Podría ser que el conejo fuera una señal de mi madre, para indicarme que había presenciado aquellos momentos felices con mi amiga? Mi intuición dijo que sí. ¡Aquélla era la interpretación correcta de la señal del conejito!

Durante más de una hora, Trish conectó con mis seres queridos fallecidos y compartió conmigo sus visiones. Eso era lo *verdaderamente auténtico*. Mientras ella hacía preguntas y yo rellenaba los detalles, mis emociones pasaban de la sorpresa al asombro, y de ahí a la estupefacción con todo lo que se iba desgranando.

No tenía ni idea de que Trish fuera capaz de recibir mensajes del mundo espiritual. Mis expectativas respecto a la sesión de aquel día eran las de una sesión de terapia tradicional. Quizás una charla terapéutica para ayudarme a gestionar mejor el dolor que había emergido a la superficie tras el nacimiento de mi hijo. Yo no sabía que fuera posible establecer conexión y comunicarse con alguien que hubiera fallecido.

De repente, todo cobró sentido. Yo había experimentado esas «visitas» de mis padres, especialmente de mi madre, durante toda mi vida. Pero, siendo una mujer ocupada, una profesional en el campo empresarial, había rechazado todo aquello como algo absurdo. Pero en aquel momento decidí que no tenía nada que perder. Dejé a un lado mi incredulidad y comencé a prestar atención a cada uno de aquellos golpes, señales o presentimientos toda vez que acaecían.

Yo había echado mucho de menos a mis progenitores, pero ahora me sentía mucho más ligera, porque sabía que existía un vínculo eterno con mis seres queridos.

Pasaron los meses y llegó la Navidad. Dado que mi madre había fallecido justo antes de Navidad, yo había dejado de celebrar esta época del año con alegría. Incluso había convertido en hábito durante los diez últimos años el no anticipar la Navidad. Pero aquel año fue diferente. Mi hijo había nacido hacía muy poco y, dado que la Navidad es una celebración de nacimiento y nueva vida, quizá se podía hacer que en esta ocasión fuera diferente. Me abrí a la posibilidad de recibir una señal.

Una noche, mientras me encontraba en la habitación de Jacob, me puse a pensar en la inmensa suerte que tenía por el hecho de haber tenido aquel hijo. Después de dos abortos, no estaba segura de si podría tener hijos, y ahora tenía a Jacob.

La habitación de mi pequeño era cálida y reconfortante; las paredes, de falso acabado, con una hermosa combinación de azul, amarillo y rosa claro, colores que había seleccionado cuidadosamente con el fin de diseñar la habitación perfecta para mi hijo. El techo, de color azul cielo, contrastaba con la mecedora, la cuna, la cómoda y la estantería blancas. Era una habitación que me hubiera gustado enseñarle a mi madre.

De pronto se me ocurrió la idea de ponerme un CD de Sarah McLachlan, mi cantante favorita desde que mi madre había fallecido. El último CD de Sarah, *Winter Song* (Canción de invierno), acababa de salir a la venta, de modo que lo metí en el reproductor de música de Jacob y me puse a escucharlo, mientras nos acurrucábamos en el suelo. Sonó la canción de «Que tengas una feliz Navidad» y, al oír el estribillo, lo supe.

Ahí estaba la señal. El espíritu de mi madre me decía que siguiera adelante, que estaba bien que disfrutara de nuevo de la Navidad, sobre todo con mi bebé.

La Navidad había llegado pronto aquel año, concretamente el día en que desterré las dudas y entré en el despacho de Trish; el día en que ella me mostró que, ciertamente, es posible mantener la conexión y comunicarse con tus seres queridos. Para siempre. Y que ése era el mejor regalo de todos.

❧ 5 ❧

Constance

Kristen Marchus-Hemstad

Cuando era una niña, me daba miedo todo; de hecho, no pasaba un día sin que me aterrorizara hasta mi propia piel. El mundo que me rodeaba se me antojaba poroso, como si cualquier cosa pudiera atravesar mis paredes o ventanas en cualquier momento.

Conforme fui creciendo, también creció mi incomodidad; no sólo me sentía incómoda en el mundo que me rodeaba, sino incluso en el hecho de estar en mi propia piel. Yo no me parecía al resto de las niñas menudas y curtidas de la escuela; y podía percibir y conocer sus pensamientos críticos hacia mi persona sin que tuvieran que pronunciarlos en voz alta. En las raras ocasiones en que me miraba al espejo, mi rostro parecía cambiar, metamorfosearse en diferentes rostros adultos. ¡Ver otro rostro, de mujer o de hombre, sobreimpuesto sobre mi propia cara era increíblemente impactante! Cada vez que ocurría aquello, yo preguntaba, «¿Quién eres tú?» y «¿Qué quieres?». Al cabo de un rato, mi rostro regresaba, pero no sin antes preguntarme si me estaría volviendo loca.

Por otra parte, empecé a tener la sensación de que mi «yo» se separaba de mi cuerpo o salía de él cada vez que me encontraba entre un grupo grande de gente, en los espacios abiertos o en un cuarto estrecho. Durante aquellos episodios, el entorno se me antojaba irreal, y tenía la sensación de estar perdiendo la cabeza, de que iba a morir, o de que me iba a evaporar de algún modo. Me sentía atrapada, como si tuviera que escapar de aquella situación u ocultarme, o de lo contrario moriría. Finalmente, confié en mi madre y mi padre, que me dieron su apoyo y me pusieron en manos de un equipo de salud mental. Me diagnosticaron ataques de pánico y depresión, y me prescribieron medicamentos, terapia y *biofeedback*. El tratamiento fue bien para algunos de mis síntomas, pero yo quería dar con el núcleo del problema.

A pesar del hecho de que mi depresión se prolongó durante los años de universidad, me casé con un hombre maravilloso, graduado con un máster en consejería, y logré un magnífico empleo como especialista de crisis en un hospital psiquiátrico. Todo parecía apuntar a una buena vida.

Sin embargo, mi oscuro estado de ánimo no se desvaneció, y mi estrés se agudizó hasta enfermar gravemente. Me diagnosticaron una fibromialgia. Era como si tuviera todo el cuerpo fracturado, con extraños dolores, como si tuviera moretones palpitantes en la espalda que nadie podía ver; los brazos me dolían como si estuvieran intentando arrancármelos; tenía infecciones en los senos nasales y ataques de pánico.

Por fortuna, mi médico era un hombre de mentalidad abierta y, cuando le pregunté por la posibilidad de probar con terapias alternativas y espirituales, me contestó:

—Bien, hay cosas que la medicina occidental no puede explicar. Sé que Dios ha creado otras terapias; y, si no creyera que existen otras explicaciones, no podría realizar mi trabajo.

Yo sabía que aquel dolor procedía del Espíritu, como si fuera una línea directa que me guiara en una dirección diferente a la que había llevado hasta entonces. Cuando no escuchaba, me empujaba con más fuerza; pero, cuando me rendía al Espíritu, el dolor se mitigaba, y mi vida mejoraba.

El dolor y la fatiga de la fibromialgia se hicieron más manejables tras cambiar de profesión y ponerme a trabajar en una empresa de *software.* Sin embargo, los ataques de pánico y la ansiedad eran otra historia. Iban y venían por oleadas, sobre todo cuando conducía por la interestatal y ellos levantaban sus feas cabezas, cuando me hallaba retenida en una caravana, o cuando esperaba en un carril de giro. Me sentía atrapada cuando llevaba el abrigo o el cinturón de seguridad, que tenía que desabrocharme para poder moverme. Incluso el hecho de ir de pasajera en otro automóvil se me hacía insoportable. Tenía que bajar la cabeza y apoyarla en la consola central, mientras mi marido posaba su mano sobre mi cabeza; todo eso para poder hacer un corto recorrido. Volvió a mí, y con vehemencia, la sensación de que si no me escondía o me seguía moviendo moriría. De vez en cuando, ni siquiera podía salir de casa debido a la ansiedad, y me encerraba en el armario hecha un ovillo.

Después de intentarlo todo, desde la medicina homeopática hasta las lecturas espirituales o la terapia regresiva, con todos los remedios que pude encontrar mientras tanto, finalmente di con una maravillosa asesora intuitiva.

Durante una de nuestras sesiones, me miró con curiosidad y dijo:

—Kristen, tú sabes que has venido aquí a trabajar como médium, ¿no?

—Sí, por supuesto –dije automáticamente y, de repente, di marcha atrás, al darme cuenta de lo que había dicho–. ¿Qué? ¡Yo no soy lo suficientemente especial como para ser médium!

Con aquella revelación, muchas de mis experiencias comenzaron a cobrar sentido y, en un principio, me sentí entusiasmada. Una gran parte de mi familia y amigos me dieron su apoyo, pero no todos lo hicieron. Me llevé algunas sorpresas dolorosas por parte de algunas personas que me enjuiciaron terriblemente. Una amiga me dijo que iba a ir al infierno y que se produciría una batalla por mi alma. Tanto mi familia como yo llegamos a recibir DVD anónimos por correo con programas en los que se decía que la mediumnidad era algo diabólico.

Aquellas reacciones fueron excesivas para mí. Yo siempre había sido emocionalmente sensible, y pensé en dejarlo todo y no desarrollar mi don, hasta que encontré un libro titulado *The Bible: The*

Truth About Psychics & Spiritual Gifts (*La Biblia: La verdad acerca de los dones psíquicos y espirituales*) de Kevin Schoeppel. Con el tiempo, Schoeppel y yo nos hicimos amigos, y su apoyo ha cambiado mi vida. Su profundo conocimiento de las Escrituras me permitió darme cuenta de que ser una médium es un don de Dios.

Cuanto más investigaba y más cómoda me sentía con mis dones psíquicos y mi mediumnidad, más disminuía mi ansiedad. Sin embargo, aquel pánico insistente se resistía a desaparecer, y mi cuerpo reaccionaba de una manera del todo desproporcionada con respecto a la situación. Sabía en mi corazón que la mediumnidad era un don, pero los pensamientos de «vas a ir al infierno» no dejaban de acosarme.

Al final, furiosa y harta de mí misma al ver que era incapaz de liberarme de aquel pánico paralizador, levanté las manos al cielo y dije:

—De acuerdo, Dios, voy a hacer lo que creo que me estás pidiendo que haga; pero sumergirme en mis habilidades como médium no lo es todo. ¡Ya estoy harta de pelear! ¡Se acabó! ¡Por favor, ayúdame!

Cuando terminé de apiadarme de mí misma, telefoneé a mi intuitiva amiga Sharyl. Durante nuestra conversación, me di cuenta de que, cuando iba en coche, me sentía como cuando el agua me cubría el rostro, cosa que también me generaba un miedo terrible. Entonces, las palabras fluyeron de mis labios antes de que pudiera detenerlas: «Podría proceder todo de una vida pasada?, –pregunté.

Sharyl coincidió conmigo, diciendo que ésa era decididamente la sensación que ella tenía.

Me recomendó que recreara aquel sentimiento y que tuviera un diario a mano para tomar nota de todo lo que se me pasara por la cabeza. Yo estaba nerviosa, pero me mostré de acuerdo en que aquélla era la mejor manera de descubrir el origen de mi enigmática fobia. Tomé un baño caliente, encendí una vela y, a continuación, le pedí a Dios que por favor me ayudara a comprender la causa del pánico y el modo de liberarme de él. Permanecer echada en la bañera no resultó demasiado productivo, de modo que me senté, entrelacé las manos por detrás, dejé que se me enfriara el torso y luego, lentamente, sumergí mi rostro en el agua. De repente, mis sentidos se intensificaron.

Cuando saqué la cara del agua, me apresuré a coger mi diario y escribir:

> Soy Constance y ellos me están ahogando. Estoy en el agua. Ellos me ahogaron. Se están riendo todos. Quiero que se detengan. No pude hacer nada. Soy buena. Soy enfermera, buena, soy buena. Por favor, no me hagáis esto. Dios me envió aquí como miembro del clero, algo sagrado, para traer la paz. Estoy haciendo Su trabajo. Soy digna. No soy una bruja ni una blasfema. Soy buena.

Salí de la bañera arrastrándome, exhausta. Basándome en mi intuición y en posteriores anotaciones del diario, descubrí que mi culpabilidad y mi temor ante mi mediumnidad procedían de una vida pasada en la que me llamaba Constance, en la que también era médium, y en la que fui brutalmente castigada por mis dones.

Les confié a dos amigas lo que había descubierto, y sus respuestas validaron mi experiencia. Una de ellas dijo que se había visto «obligada» a leer un libro cuya protagonista se llamaba Constance. La otra se quedó atónita al saber que, en la misma noche en que tuve mi experiencia, le había dicho a su novio, «No me puedo sacar el nombre de Constance de la cabeza. Constance, Constance». Fue entonces cuando abandoné toda duda.

Tomar conciencia de aquella vida pasada fue todo cuanto necesitaba para dejar de enjuiciar mis pensamientos, para reforzar mi bondad y la idea de que el pánico no me pertenecía en tanto que Kristen.

Durante los meses que siguieron, mi sensibilidad física se incrementó, así como el dolor y la fatiga, cosas que me obligaban a yacer en la cama y sudar copiosamente. Poco a poco y de forma suave, el dolor cedió, mientras incrementaba la confianza en mí misma y en mis dones. Lo mejor de todo fue que, cuando finalmente acepté mis dones, el pánico se redujo de forma significativa. Ya no sentía aquel persistente temor que había llevado como una carga toda mi vida. Ya no era aquella mujer limitada y torturada que tenía la sensación de ahogarse cuando se ponía el cinturón de seguridad en el coche. Mi cuerpo y mi mente se estaban curando, y me sentía bendecida con aquel don.

En la actualidad, estoy firmemente conectada con mi cuerpo, y mi vida como Kristen Marchus-Hemstad me pertenece por fin. Sin embargo, por doloroso que haya sido este proceso, los sentimientos tan intensos se convirtieron en unas sorprendentes herramientas educativas. Al conseguir, por fin, tener claro el propósito de mi existencia, he podido dejar atrás el miedo, el pánico y los juicios para introducirme en ese inmenso conocimiento innato de lo que es realmente ser una médium y ayudar a las demás personas.

6

Todavía ahí

Wendy Kitts

Yo era una niña de papá. Él y yo compartíamos nuestro amor por el béisbol, por las películas antiguas y por Johnny Cash. A los nueve años, mi padre vino al hospital a recogerme, tras pasar por una operación en la que me extirparon las amígdalas. Él había estado viviendo en otra provincia de Canadá durante casi un año, y lo primero que decía yo al levantarme por las mañanas era, «¿Vendrá papá hoy a casa?».

Pues bien, aquel día apareció, con el cabello hacia atrás fijado con brillantina, con un aspecto reluciente, vistiendo traje y corbata. Casi cincuenta años después, su imagen sigue grabada en mi memoria.

Me sacó de la cama del hospital con sus fuertes brazos, mientras yo estallaba de orgullo, sonriendo por encima del hombro a las enfermeras y al resto de los niños que se encontraban en la sala.

Mi padre estaba por fin en casa.

Cuando me hice mayor, llegó inevitablemente el día en que fui consciente de que no era Superman, sino superhumano, con todos los defectos que eso trae consigo.

Yo tenía mis propias opiniones, las cuales él no siempre compartía. Y el hecho de haber crecido en un orfanato desde los cuatro años había hecho que anidasen en él unos demonios que no permitían que nadie se le acercase demasiado.

Era un hombre brillante, sobre todo si tenemos en cuenta que no terminó la educación básica, y era capaz de arreglarlo todo, de modo que yo siempre recurría a él para determinadas cosas, como, por ejemplo, pedirle que me conectara los cables de la televisión o preguntarle que a qué mecánico debía llevar mi coche.

Así, cuando falleció, se creó un vacío muy grande en mi corazón, y en mi vida. En muchas ocasiones, sobre todo en los primeros años, levantaba el auricular del teléfono para pedirle consejo, y entonces me daba cuenta de que él ya no se pondría nunca más al otro lado de la línea.

Al menos, no físicamente.

Sin embargo, yo creía que mi padre aún estaba a mi alrededor, aunque no pudiera verlo; él me daba a entender su presencia de otras formas mágicas.

Desde que había leído los libros de James Van Praagh, yo sabía que la manipulación de los sistemas eléctricos es una de las formas más fáciles y habituales que tiene a su disposición un ser querido ya fallecido para comunicarse con nosotras; de modo que el parpadeo de las luces durante los primeros días tras su deceso me resultaba reconfortante. De hecho, la lámpara de la mesita de noche de mi madre causó tantos problemas que un amigo insistió en comprobar la conexión interior. Yo sabía que no iba a encontrar nada, y lo consideraba como una señal de que mi padre todavía estaba allí, velando por nosotras.

Entonces, una noche, no mucho después de su fallecimiento, su voz en mis oídos me despertó de un sueño profundo. «Mira por la ventana», dijo. Yo estaba cansada, de modo que me puse a discutir con la voz, que pareció mostrarse divertida al recordar con cuánta frecuencia discutía yo con él en vida.

Pero su voz era insistente. «Levántate».

Me acerqué como pude hasta la ventana. Vi cómo docenas de ciervos se daban un festín con los frutos caídos del viejo manzano que había en el patio trasero de la casa de mis padres.

Era un invierno duro, y la nieve estaba alta, de modo que los ciervos solían aventurarse a salir de los bosques y entrar en el pueblo por la noche para comerse cualquier cosa que pudieran encontrar. Mi padre y mi madre solían observarlos cuando el enfisema de mi padre no le dejaba dormir.

Pero nunca habíamos visto tantos ciervos venir a comer. Me apresuré a despertar a mi madre. Nos reímos mucho con sus payasadas de borrachos, embriagados por el abuso de manzanas fermentadas, hasta que regresaron tambaleándose al bosque, dispersándose con las primeras luces del alba, como vampiros que regresaran a sus féretros.

Además del parpadeo de las luces y de las observaciones de ciervos a medianoche, también podía percibir el inequívoco aroma de Old Spice, la colonia de mi padre, cuando me encontraba con mayor necesidad de ayuda. Eso me permitía saber que él velaba por mí. A mi padre también se le da bien disponer las luces verdes en los espacios de aparcamiento. Es tan bueno consiguiéndome los mejores sitios que un amigo mío lo adoptó como su genio del parking. Con frecuencia hablo con él mientras conduzco mi coche, y si tengo algún problema le pido orientación. Nunca ha dejado de responderme.

Recientemente, tenía que hacer algunas reparaciones para poder pasar la inspección técnica anual de vehículos. En realidad, había que hacer bastantes cosas. Mi automóvil tiene dieciséis años, y se está aproximando a la edad en la que ya no va a tener sentido invertir más dinero en él. Yo sabía que ese momento se aproximaba, pero intuía que aún tenía unos cuantos kilómetros que hacer.

No obstante, cuando me dijeron que para poder pasar la inspección técnica tendría que gastarme quince mil dólares en reparaciones, me di cuenta de que debía tomar una decisión, de modo que recurrí a otras personas para confirmar que lo que sentía era la mejor opción posible: la de arreglarlo. A fin de cuentas ya lo había amortizado; y, si esa cantidad de dinero se promediaba en un año, todavía me salía más barato que el pago mensual que representaría la compra de un coche nuevo.

Aunque con la mejor de las intenciones, mis amigos y el resto de la familia me decían que no valía la pena meterse en reparaciones.

El consenso unánime era que me olvidara de él y que empleara ese dinero en comprarme un coche.

Finalmente, decidí tomarme la noche para pensármelo.

Mientras conducía hacia casa, dando sorbos a la Coca-Cola que llevaba dando vueltas desde mucho antes de que fuera al mecánico aquella tarde, sentía que el corazón se me hacía pedazos. Sabía lo que yo quería hacer, lo que mi intuición me instaba a hacer; pero ¿por qué tantas personas me sugerían todo lo contrario?

Siempre he tenido una fuerte disposición a escuchar mi intuición y dejarme guiar por ella, sobre todo desde la muerte de mi padre. ¿Cabía la posibilidad de que todo el mundo estuviera equivocado respecto a qué era lo mejor que podía hacer? ¿Sería yo lo suficientemente fuerte como para aferrarme a mi intuición y seguir confiando en ella, cuando los demás se mostraban seguros de que mi mecánico se estaba aprovechando de mí?

Durante un par de horas estuve hablando aún con unas cuantas personas más, con la esperanza de que alguien estuviera de acuerdo con mi intuición. Quería justificar mi decisión de algún modo, pero no había nadie que me permitiera tal opción.

Así pues, hice lo que normalmente hago cuando necesito un poco de claridad: pedir una señal.

Ya en casa, me senté en el sofá y me quedé mirando por la ventana el paisaje, iluminado por el sol de las primeras horas de la tarde. Quería que mi cerebro tomara una decisión. Pensé en mi padre y deseé que estuviera allí conmigo para que me ayudara. Ésta era una de las cosas para las cuales hubiera buscado su ayuda. Y entonces, en aquel preciso momento, me sentí como si le hubiera perdido de nuevo, y empecé a llorar como una chiquilla.

Me enjugué las lágrimas con el dorso de la mano y fui a coger la ya caliente botella de Coca-Cola que tenía en el regazo.

Entonces fue cuando lo vi.

Parpadeé incrédula y, luego, me volví a echar a llorar. Pero, en esta ocasión, con lágrimas de alegría.

Aquella botella formaba parte de la campaña de Coca-Cola, «Share a Coke» (Comparte una Coca-Cola), en la cual aparecía el nombre de pila de la gente en la etiqueta. Y allí, en negrita, con letras blancas sobre el fondo rojo oscuro de la marca, estaba el nombre de Bob... el nombre de mi padre.

Ya sabía mi respuesta.

Había estado buscando la ayuda de mi padre con el problema de mi automóvil, como siempre hacía cuando él estaba vivo, y ahora había recibido una señal clara de que me estaba escuchando. Y no sólo eso, sino que respaldaba mi decisión intuitiva de arreglarlo, en vez de renunciar a él por completo y comprarme otro. Aunque había fallecido nueve años atrás, sabía que siempre podría contactar con mi padre. Sigue siendo el mismo héroe de cuando yo era niña y, aunque su cuerpo físico haya desaparecido, su presencia es una constante, y es un cariñoso consejero cada vez que necesito orientación.

❧ 7 ❧

El mensaje de la sirena

Phoenix Rising Star

Había planeado aquella escapada a la isla con la esperanza de que nos sirviera de inspiración para renovar y reavivar nuestro cansado y maltrecho matrimonio. Nos habíamos apartado el uno del otro; o quizá nunca habíamos estado realmente juntos. Yo buscaba desesperadamente un camino que nos llevara a un buen lugar, y creía que un cambio de entorno podría facilitar el cambio de corazón.

Pero a mitad de aquellas vacaciones en las que había puesto tantas esperanzas y sueños me vi forzada a reconocer que el entorno no suponía diferencia alguna en el modo en que nos relacionábamos o nos sentíamos el uno con respecto al otro.

Yo quería pasear por la playa en las noches, bajo la luz de la luna, y Joe quería ver el canal de deportes en la televisión.

Yo quería caminar por la orilla al amanecer, contemplar los pájaros y maravillarme con la belleza del sol iluminando el océano, y Joe quería seguir durmiendo.

Yo quería hablar de ángeles, y el subía el volumen del televisor.

El día en que me desperté sintiéndome de lo más frustrada y herida, salí de la habitación temprano para dar un paseo sola por la playa. Me detuve en un lugar aislado de la orilla, a cierta distancia del centro turístico, busqué un palo y tracé un círculo sagrado en la arena. Incapaz de contener mi tristeza por más tiempo, me senté en medio del círculo y me puse a llorar.

Las olas se hacían oír levemente en la orilla. A pesar de mi dolor, no dejaba de ser consciente de la increíble belleza que me rodeaba y del calor del sol que brillaba sobre mí desde un cielo sin nubes. Con el corazón roto, dije entre sollozos:

—Dime qué tengo que hacer, Dios. No sé qué más hacer, ¡y quiero saberlo!

Con la cabeza entre las manos, las lágrimas caían por mis mejillas y descendían por mis brazos.

Entonces, escuché una voz que decía, «Ha llegado el momento de dejar la relación».

Me puse en pie de un salto, girando la cabeza aquí y allí para ver quién me había respondido. Me sentía como una idiota, pues no me había dado cuenta de que estaba hablando en voz alta. Enjugándome las lágrimas, miré en una dirección y en la otra de la playa, pero no vi a nadie. Sin embargo, una vez más, escuché aquella voz decir, «Ha llegado el momento de dejar la relación». Completamente sola en la playa, me di cuenta de que estaba escuchando la voz en mi cabeza y en mi corazón. ¿Era Dios, o era mi alma? Para mí, ambos han sido siempre intercambiables.

—No, Dios. Tú no lo entiendes –dije firmemente–. Ésa no es una opción. Yo no me casé para luego divorciarme. ¡Llevamos juntos más de diez años! Tiene que haber otra opción.

Recogí la toalla, me sequé la cara y emprendí lentamente el camino de regreso a la habitación, dándole la espalda a Dios, al círculo sagrado y a mi dolor.

Tres horas después estaba haciendo *snorkel* en una zona de poca profundidad con un agua increíblemente cristalina. La luz del sol era tan brillante que me hacía daño en los ojos, mientras contemplaba mi mano deslizarse de forma casual por el fondo del océano. Aunque mis dedos levantaban minúsculos granos de blanca arena, el agua seguía siendo cristalina, y yo me maravillaba con los intrincados patrones que creaban las olas y las puntas de mis dedos.

Perdida en mis pensamientos, me vi sacudida de pronto fuera de mi ensueño por la visión de una pequeña mano femenina que salía de la arena y agarraba la mía. Exhalé un grito ahogado, por lo que se introdujo agua en mi tubo de *snorkel*, mientras retorcía la mano para soltarme de su agarre, que era asombrosamente fuerte.

Sorprendida por aquel extraño giro de los acontecimientos, me di cuenta de que me habían sacado de un tirón el anillo de bodas, que no se había separado de mi mano en más de diez años. Me quedé mirando cómo aquel círculo dorado caía haciendo espirales hacia el fondo, y cómo lentamente se posaba en la prístina arena blanca delante de mí. Alargué el brazo para recuperar el anillo, pero desapareció ante mis ojos hundiéndose en la arena.

Horrorizada, caí de rodillas y rebusqué frenéticamente con las manos por entre la arena. ¿Qué demonios había pasado? ¡Mi anillo! ¿Dónde estaba mi anillo? Era todo demasiado absurdo para comprenderlo. Y había ocurrido ahí mismo. Lo había visto con claridad, y ahora no estaba por ninguna parte. ¿Acaso era aquélla la forma que tenía Dios de responder a mi súplica? ¡No era posible!

Me derrumbé en la arena, llorando, temblando en lo más profundo. Joe llegó corriendo, preocupado.

—¿Qué ocurre? –preguntó–. ¿Te has hecho daño? ¿Qué ha pasado?

No podía controlar mis histéricos sollozos.

—Nada. ¡Y todo! ¡Ha pasado todo! Oh, no me lo puedo creer –gemía yo, mientras las lágrimas caían en la arena.

Desconcertado, Joe continuó haciendo preguntas. Él nunca me había visto así y, por lo demás, yo tampoco.

—¡Una… una mano me ha agarrado la mía! ¡En el agua! –tartamudeé incoherentemente–. ¡Y me ha sacado el anillo! Creo que sé dónde ha caído, pero ha desaparecido. ¡Tengo que volver a buscarlo!

—¿Una mano? ¿Que alguien te agarró? ¿Dónde está? ¡Lo mataré! –dijo Joe, cerrando los puños en reacción ante la supuesta amenaza.

—¡No, no lo entiendes! No era eso… No había nadie ahí… Era alguien bajo la arena. Alguien me ha agarrado la mano. Una mano femenina y… y…

Me detuve al contemplar su mirada.

—No importa –dije, poniéndome en pie para regresar al agua–. Iré a buscarlo. ¡Tengo que encontrarlo!

Estuve buceando en torno al lugar en el que había caído el anillo. Cribé la arena, siendo consciente de que quizás estaba empeorando las cosas, pues introducía aún más hacia el fondo lo que pudiera haber allí, pero era incapaz de concebir un plan mejor. Tenía que hacer todo lo posible por encontrarlo. Quemada por el sol y exhausta después de tres horas de búsqueda, me rendí finalmente. El anillo ya no estaba allí. ¿Y aquella mano? ¿Qué era aquella mano? ¿Y por qué había desaparecido mi anillo?

Con el tiempo, empecé a pensar que aquella pequeña mano femenina era la mano de una sirena, una criatura mágica que había sido enviada para transmitir un mensaje que yo me resistía a aceptar. Cuando escuché aquella voz clara en el círculo sagrado, en la playa, yo le di la espalada a Dios, o a mi alma, utiliza el término que prefieras. Había ignorado aquel mensaje, de modo que algo había que hacer para captar mi atención… algo demasiado grande como para que yo lo ignorara. Evidentemente, no puedo estar segura de que fuera una sirena. Pero aquella minúscula mano femenina había emergido de debajo del suelo oceánico. Me agarró la mano, y no pudo ser una coincidencia que el símbolo de mi matrimonio, mi anillo de boda, fuera la única víctima de aquel encuentro. Difícilmente se le habría escapado a alguien el significado de tan dramática experiencia.

No me gustó el mensaje pero, en el fondo de mi corazón, sabía que era válido. Sabía que se me estaba dando la oportunidad de ser libre, libre para ser yo, libre para vivir de la forma que yo consideraba era la adecuada para mí.

Libre de las opiniones y del control de los demás.

Sí, dejé la relación. No fue de inmediato, sino a mi manera y asesorándome primero, para luego buscar una abogada y salir de aquella situación. Y sí, fue duro, y triste, pero también sentí que ganaba en poder, y en sanación. Creo que fue lo mejor que podía hacer. Me di la oportunidad de crecer, de evolucionar y de ser quien en verdad soy… ¡todo ello gracias a una sirena!

❧ 8 ❧

Los regalos de la abuela

Marla Steele

Mi abuela era muy especial para mí. Era una médica de familia independiente, carismática y compasiva, una mujer adelantada a su época. Me llevaba de campamento, a pescar, de excursión y a navegar en canoa. Nada que ver con la típica abuela. Me iba de guardia hospitalaria con ella, y frecuentemente terminaba en el laboratorio de radiología de su colega, el Dr. Summers, aprendiendo a leer placas de rayos X y jurando que no necesitaría nunca una radiografía del tracto gastrointestinal superior, después de ver cómo se tenía que beber el paciente aquella desagradable solución de bario.

Si alguno de los pacientes de mi abuela no podía permitirse pagar sus honorarios, ella decía tan sólo, «Tráeme algún producto de tu huerta, o deja que mi nieta se dé una vuelta con tus caballos». Eso era lo mejor de las visitas a la abuela, que hacía todo lo posible para que me relacionara con caballos, aunque eso significara tener que cabalgar conmigo por un sendero durante dos horas, debido a que yo era la única inscrita en el curso y no quería dejar que fuera sola a los bosques con un total desconocido. Todavía me acuerdo de ella intentando caminar al día siguiente, el mismo día en que decidió replantear nuestro viaje por carretera para poder hacer una parada en

Paducah, Kentucky, con el fin de que pudiera conocer a Secretariat en persona.[2]

Muchos años después, todavía estaba haciendo realidad mis sueños hípicos. De hecho, tengo la sensación de que ambas habíamos hecho una especie de pacto de alma pues, en la época de su enfermedad, un otoño, regresé al Medio Oeste para hacerle una visita en el hospital, el mismo hospital que tan bien hacía conocido cuando era niña. En este viaje conocí también y me enamoré del caballo árabe que se convertiría en mi primer caballo. Me acuerdo de estar junto a la cama de mi abuela hablándole del caballo con un destello en los ojos, y parecía que aquello le levantara el ánimo también a ella. Pocas semanas después me dio el dinero para que me llevaran el caballo a mi casa en California. Tuve exactamente dos meses para renovar el granero en ruinas y hacer todos los preparativos necesarios antes de su llegada.

El gran día fue un 17 de diciembre, y llovía con fuerza, por lo que tuve que apresurarme para conseguir algunos materiales de última hora con el fin de preparar la cama del caballo en el establo. Cuando regresaba de la tienda de alimentación, vi una pequeña imagen holográfica de un pájaro azul que cruzaba por delante del parabrisas para acabar aterrizando en el salpicadero de mi camioneta. De algún modo supe que era un mensaje divino de mi abuela, que decía: «Estoy bien. No necesito un funeral. Estás muy ocupada con tu trabajo. Disfruta de tu caballo». E inmediatamente reemprendió el vuelo. Nunca me había pasado algo parecido. Yo sospechaba lo que aquello significaba. El tiempo se detuvo y, sin embargo, discurrió sin control alguno. Mi caballo debía llegar en el plazo de una hora.

El mayor de los sueños de mi vida hasta la fecha se había manifestado. Oí el mágico «clip-clop» de los cascos del caballo que subía por el camino de entrada, un sonido que despertó una alegría mayor que la que sentía al oír al camión de los helados subiendo por la calle cuando era niña. Estaba exultante: un once en la escala de uno a diez. No me alejé de mi caballo durante horas, hasta que me di

---

2. Secretariat fue un famoso caballo de carreras que, en 1973, consiguió ganar la Triple Corona, después de 25 años en que ningún caballo lo había conseguido. (N. del T.)

cuenta de que se hacía tarde y tenía que comer algo. En cuanto entré en la casa sonó el teléfono. Era mi madre.

—La abuela ha fallecido a primera hora de esta tarde –dijo–. Nos acaban de llamar.

De todos los días en que podía haber sucedido, mi abuela se fue justo el día en que el golpe pudo quedar más amortiguado. Yo sabía que ella había esperado hasta el momento en que me llegara el caballo. Era como si hubiera necesitado completar la última de sus tareas aquí en la Tierra.

Pero no fue la última vez que supe de ella, pues se me apareció en varias ocasiones más, tanto en sueños como en estado de vigilia. Mi abuela me acompañaba cuando me sentía sola, me guiaba en el sendero de mi actual profesión, e incluso tiró de algunos hilos para que ganara unos cuantos concursos, incluidos un par de bonitos pantalones de montar y una viaje a Hawái. Y lo más importante: mi abuela estuvo a mi lado durante la transición de mi padre, pocos años después. Sin embargo, el cáncer de mi padre y su posterior muerte no fueron los únicos problemas médicos de los que me advirtió mi abuela médica.

Diez días antes del incidente, tuve un sueño, en el cual yo permanecía en la cama de un hospital con cierta sensación de frío. Intentaba tirar de la manta para cubrirme el pecho pero, por algún motivo, no conseguía subirla. El médico me ponía una inyección en el brazo izquierdo, una inyección que yo no deseaba. Recuerdo habérselo dicho, pero él no respetaba mi voluntad. Yo sentía aquel líquido caliente que se introducía hasta lo más profundo en mi brazo. Era una sensación extraña e inquietante. Perdía el control. «¿Por qué no respetan mis deseos?», preguntaba yo. Estaba buscando a mi abuela. Miré a la derecha y vi a una mujer que había conocido en el pasado, aunque no recordaba de qué la conocía. «¿Por qué no me ayuda?», me preguntaba yo. «¿Acaso no puede oírme?». Finalmente, me desperté con cierta sensación de pánico. Aquél había sido uno de «esos» sueños que se nos antojan tan reales.

El día del cumpleaños de mi abuela, el 2 de diciembre, había quedado con una amiga, pero su hijo, muy pequeño por entonces, tenía otros planes. De modo que decidí ir a cenar al mercado de la zona. Para mi sorpresa, en el bufé tenían uno de los platos que mejor cocinaba mi abuela: pollo a la Jerusalén. Decididamente, aquello era un saludo desde el cielo, porque nunca antes, ni desde entonces, he vuelto a ver ese plato en un bufé. Cómo no, ¡tenía que probarlo! Le di las gracias en silencio a mi abuela y me imaginé que cenábamos juntas. Después, volví al establo para conversar con Sparky, mi caballo de raza paint horse.

Sparky había estado en rehabilitación durante meses debido a una grave lesión en una pata. Acababa de pasar de una fase de reposo total en el establo a darse unos cuantos paseos diarios. Para un caballo acostumbrado a correr y galopar a su voluntad, aquello era una tortura. La energía se reprime tanto que no hace falta mucho para que estalle. Pues bien, aquel día sucedió algo que le sobresaltó, y Sparky se encabritó de repente. Al bajar, me golpeó con los cascos en la nuca, caí de bruces dando con la cara en el suelo y, para acabarlo de arreglar, me pateó en la espalda, entre los omoplatos. Me acuerdo que pensé, «Vaya, y ahora me pisoteas. Además de engañada, apaleada». Pero el golpe fue muy suave para tratarse de un caballo de casi quinientos kilos. Me pregunté si, una vez más, mi abuela no habría amortiguado el golpe.

En cualquier caso, fuera quien fuera, lo cierto es que alguien me había protegido. Fue un milagro que no quedara inconsciente en aquel accidente. No sólo sangraba en abundancia por la frente y la nuca; lo más grave de todo era que en aquel momento estaba sola. Los propietarios se habían ido a la ciudad, y habrían podido pasar unas cuantas horas hasta que me hubiera descubierto el hombre que acude a dar de comer a los caballos. Pero, entonces, tuve la suficiente presencia mental como para poner en marcha algunas frecuencias energéticas. Invoqué también a los ángeles para que me acompañaran mientras esperaba a que llegara la ambulancia. Cuando los paramédicos me acostaron en la camilla, vi al arcángel Miguel por encima de mí, y a mi abuela y a mi padre a un lado. En ese momento de pánico, decidí que aquélla iba a ser una historia de «regreso» para mí, una historia que podría contar más adelante entre risas. También decidí que cada mano que me tocara sería la mano sanadora de Dios. Me sorprendió comprobar que mi respiración cambiaba, haciéndose mucho más profunda y estable de lo que era normalmente.

Me dormí en la sala de urgencias del hospital, hasta que el frescor del aire me despertó. Yo no hacía más que tirar de la camiseta para arriba, sin darme cuenta de que me la habían desgarrado y no daba más de sí. Me llevó un tiempo reconocer un rostro familiar: el de mi marido. Entonces entró la mujer que me había resultado familiar en aquel sueño, aunque no sabía de qué. Era una compañera de trabajo de mi marido desde hacía años, y ahora me llevaba en una silla de ruedas hasta la sala de rayos X. Yo no hacía más que pedirle un babero especial que había para protegerse la tiroides de las radiaciones, pero ella decía que no podía quitarme el collarín. Yo le insistía en que no tenía ningún problema en el cuello, que estaba bien, y que era muy intuitiva en cuestiones médicas y conocía muy bien mi cuerpo. Pero ella no me hacía caso, de modo que les pedí a mi abuela y al Dr. Summers que me protegieran de la radiación.

Milagrosamente, no tenía ningún hueso roto, tan sólo un pequeño orgullo fracturado. Era el momento de los puntos y las grapas. Me habían puesto un anestésico local alrededor de las heridas, pero ahora me querían inyectar un analgésico mucho más fuerte en el brazo izquierdo. Una vez más, como en el sueño, rogué que no lo hicieran, pero me dijeron que, sin eso, no me podría estar quieta mientras remendaban mis heridas. Tenían razón. Sentí por segunda vez cómo aquel líquido caliente se fundía dentro de mi brazo, y entonces pensé que debía haber algún motivo para que todo aquello se me hubiera mostrado por anticipado. Me rendí al instante y me abandonaron las fuerzas.

Decididamente, sé que hubo ángeles en el cielo y en la tierra que cuidaron de mí para que sanara. Durante mi recuperación, me pregunté cuál era la utilidad de aquel accidente, pues creo que esta pregunta es mucho más potente que preguntarse *por qué*. La respuesta que escuché fue: «Bueno, el caballo te ha abierto el tercer ojo. Ahora eres una verdadera Harry Potter, ¡y tendrás la cicatriz para demostrarlo!».

Pues bien, tenían razón. Tras el accidente, me di cuenta de que mi energía psíquica se acrecentaba, y mis lecturas recibieron el empuje de un turbo. Verás, no fue sólo el amor de mi abuela, tanto en el plano físico como desde el más allá, lo que me proporcionó ese don; ni tampoco sus advertencias y su guía intuitiva cuando me mostraba lo que se podía esperar del futuro. Mi abuela me regaló también la capacidad para conectar intensamente con mi intuición y mi guía, y la revelación de que esos regalos energéticos estaban a mi disposición en todo momento. En verdad, no fue una coincidencia que yo sanara del accidente en un tiempo récord. Y ahora, cuando hago una lectura psíquica para alguien, sé que mi abuela está observando y dirigiéndome, ayudando a su vez también a guiar a otras personas hacia su máximo bien.

9

A través del corazón de una niña

Shelly Kay Orr

Cuando Poppy tenía diecisiete meses, nos contó un secreto que había estado guardando para sí. Nos habló de la existencia de su hermano y su hermana.

Poppy estaba en la ventana, mirando al mundo exterior, al patio trasero de la casa. De pronto, se puso muy nerviosa y comenzó a dar saltos.

—¡Mamá, papá, el niño ángel! ¡Está brillando!

Me quedé estupefacta.

—¿Qué, Poppy? ¿Qué has dicho?

—Allí, mamá, ahora está en la puerta trasera –dijo, señalando alegremente.

Mi marido y yo nos miramos atónitos.

—Yo no se lo he dicho –dijo él.

—Yo tampoco –respondí impactada.

Pocos meses después de que Poppy viera al niño ángel en el patio trasero, estaba sentada delante de la mesa del comedor cuando, de pronto, exigió silencio.

—Shhh –exclamó sonoramente.

—Pero… si no he dicho nada.

—No te lo digo a ti. ¿Es que no los oyes, mamá? Mi hermano y mi hermana están corriendo arriba y abajo por el pasillo. ¡Están haciendo mucho ruido!

Poppy tiene un hermano y una hermana, gemelos, llamados Andrew y Kai. Andrew murió en el útero unas horas antes de nacer, y Kai murió poco después de nacer. Para Poppy, Andrew y Kai están tan vivos como lo estaban en mi matriz. No existe la ausencia para Poppy, sólo vida.

Después de hablarnos de su hermano y su hermana, puse una foto de mi marido y mía con los gemelos. Poppy vio la foto y me pidió si podía sostenerla entre sus manos. Mientras la miraba atentamente, una sonrisa se le dibujo en la cara.

—Ya no están en sus cuerpos, mamá.

—No, Poppy, no lo están –contesté yo–. Tienes razón.

—Son bebés felices, corriendo por toda la casa.

Cuando miraba esa foto, yo solía experimentar cierto pesar; se me saltaban las lágrimas y se me hacía un nudo en la garganta. Pero ya no me ocurre eso. Ahora, cuando miro la foto, oigo a los gemelos corriendo por el pasillo. Cuando murieron, yo pensé que todos nuestros sueños habían muerto con ellos. Pero ese sueño no murió en modo alguno. Simplemente, necesitábamos que Poppy nos enseñara que nuestro sueño seguía vivo y se había cumplido.

En la actualidad, las conversaciones referentes a la presencia de los gemelos y de otros seres queridos fallecidos son habituales en nuestra casa. Poppy también habla de Daisy, su ángel guardián, y del arcángel Miguel. De hecho, Poppy confía mucho en el arcángel Miguel, y se pone su burbuja azul de protección cada mañana antes de salir hacia la escuela.

Pocos años después, mi cuñada, Annette, falleció inesperadamente a causa de un cáncer de mama. Poppy tenía entonces sólo tres años, de modo que yo no sabía qué hacer, si llevarla o no al funeral. Al final decidí llevarla, tras pensar en todo lo sucedido con su hermano y su hermana, y porque creía que comprendía lo suficiente de la vida y la muerte como para asistir al funeral.

A los cinco minutos de comenzar el servicio ya me estaba arrepintiendo de haberla traído, y lo único que deseaba realmente era que se estuviera quieta. Poppy se daba la vuelta en el banco de la iglesia y le hacía muecas a la pareja que estaba sentada detrás de nosotras, de modo que al final tuve que cogerla en brazos y salir de la iglesia.

Una vez fuera, a Poppy le dio por pasearse por el vestíbulo del santuario. Parecía más nerviosa que de costumbre, hablando sin parar y corriendo de aquí para allá. Había varias ancianas sentadas allí, charlando, y una de ellas se puso un dedo delante de los labios y dejó salir un sonoro «¡Shhh!». Yo no sabía dónde esconderme, y no sabía qué hacer con mi inquieta hija, pues hacía demasiado frío para salir a la calle. Pero al final me acordé de la sala de la hermandad, donde todo el mundo se congregaba al finalizar los servicios. Abrí la puerta con la esperanza de encontrar la sala vacía, pero había varias mujeres disponiendo algo de comida y bebida. De todos modos, hice entrar a Poppy.

Poppy vio el escenario en la parte frontal de la sala y se dirigió hacia allí. Se puso de pie, en mitad del escenario, y guardó silencio finalmente. Al cabo de unos minutos, bajó del escenario y me pidió su mantita, para a continuación volver al escenario y extenderla en el suelo, cuidando bien de alisar todas las arrugas. Luego, se puso de nuevo de pie y volvió a guardar silencio.

Poppy hizo aún dos viajes más entre la manta y yo. Recogió una rosa que nos habíamos traído del servicio del entierro de Annette, así como el programa conmemorativo, que mostraba una foto suya en la portada. Poppy depositó con sumo cuidado la rosa y el programa sobre su mantita, y luego se puso de pie de nuevo, levantó los brazos a ambos lados y empezó a dar vueltas.

—Todavía falta algo –dijo finalmente, y se acercó otra vez hasta donde yo estaba–. Mamá, ¿puedo buscar una cosa en tu bolso?

—¡Claro, cariño! ¿Qué necesitas?

—Los ángeles, mamá. Necesito los ángeles.

Poppy rebuscó en mi bolso y sacó un mazo de cartas que llevo habitualmente en el que se habla de siete arcángeles. Volvió corriendo al escenario y puso el mazo junto al resto de objetos que había reunido.

—¡Perfecto! –declaró finalmente.

Entonces, se puso a cantar y a bailar alrededor de aquel humilde memorial para Annette. Se movía con lentitud y con una clara intención. Su rostro resplandecía y exhibía una gran sonrisa en los labios. Hizo incluso piruetas extendiendo las manos. La inquietud que había mostrado minutos antes había desaparecido, y ahora transmitía cierta sensación de paz, amor y gracia. Se puso a cantar de nuevo, y en su canción decía que la tía Annette estaba allí con todas nosotras. Era un canto de amor, de presencia. En aquella sala, con mi hija, hicimos una celebración por Annette. No hubo lágrimas, sólo danza y alegría.

Poppy advirtió que su padre estaba sumido en el pesar, y dijo:

—Pero, mamá, papá no tiene por qué estar triste. Mi hermano, mi hermana, la abuela, el abuelo y la tía Annette están con nosotros en todo momento.

Y, tras cerrar los párpados con fuerza, añadió:

—Dile que piense en ellos con fuerza.

Con frecuencia, oigo comentarios por ahí en los que se minusvaloran los pensamientos y los sentimientos de los niños. Cuando cuento todas estas anécdotas de Poppy, la gente suele decir, «¡Oh, se lo está inventando!». Pero yo sé que no es así. Poppy sabe muchas cosas. Ha dado demasiados detalles como para habérselo inventado todo.

Poppy es mi mayor maestra, sobre todo en lo relacionado con la muerte. Gracias a ella sé que el amor y la conexión continúan tras la muerte, que el vínculo con nuestros seres queridos no deja de existir tras la muerte, sino que se transforma. Poppy me mostró cómo mantener una relación con mis gemelos.

El cielo toca la tierra a diario. Sólo tenemos que permanecer abiertas al amor que se halla presente y que está a nuestra disposición. En mi caso, las señales del amor llegaron en primer lugar desde mi hija pequeña. Después, ella me mostró el camino, y yo abrí mi corazón y recibí el amor directamente desde el cielo. En ocasiones, el amor es un sentimiento y, en otras, llega como dos mariposas danzando en el viento, o como dos plumas que yacen juntas sobre la hierba. El amor llega cuando me encuentro en el corazón y salgo de la cabeza. Mis queridos gemelos me tocan desde el cielo todos los días.

❦ 10 ❦

El documental

Ellen Cooper

En muy raras ocasiones, alguien o algo ha conectado conmigo y ha resonado de una forma tan profunda en mi interior como para que los efectos de tal conexión hayan sido perdurables e innegables. Este singular fenómeno parece suceder cuando y donde menos te lo esperas; y, sin embargo, sucede cuando más falta te hace. En este caso, se trató de un documental que vi acerca de una cantante llamada Chely Wright. Cuando terminó el documental, me sentí conmovida e inspirada de tres maneras. En primer lugar, por el modo en que esta mujer y su historia reflejaban mi propia vida, pues transmitía muchísimo acerca de mis propias experiencias. En segundo lugar, porque sentí una oleada de creatividad que no había experimentado en mucho, mucho tiempo. Y, tercero y más importante, porque yo quería emular a Chely Wright por su valor, contando mi propia historia. Chely había ayudado a muchas personas simplemente compartiendo honestamente sus experiencias, y eso es lo que durante muchos años yo había estado deseando hacer: escribir un libro acerca de mis experiencias con la adopción.

Mi madre, mi hermana Claire y yo teníamos previsto ir de vacaciones a Nueva York. Pocos días antes del anhelado viaje, estaba contándoles a unas amigas los planes que teníamos cuando una de ellas me preguntó:

—Si pudieras hacer cualquier cosa que desearas mientras estuvieras en Nueva York, ¿qué harías?

Sin dudarlo un instante, respondí:

—Iría a conocer a Chely Wright.

Cuando nos despedimos, me desearon un magnífico viaje y me dijeron en broma que saludara a Chely de su parte. Les di las gracias, me reí y anuncié:

—¡Por supuesto que lo haré! Voy a conocer a Chely Wright, ¡y os lo contaré a mi regreso!

Aquella broma no hizo otra cosa que incitarme a pensar en la posibilidad de conocer realmente a Chely Wright, y al final llegué a la conclusión de que no haría daño a nadie «si lo ponía en manos del universo». Le envié un rápido mensaje a Chely a través de Twitter diciéndole que me gustaría conocerla, aunque sabía que existían pocas posibilidades de que viera mi *twit*, y casi ninguna de que nos conociéramos realmente, pero de todos modos me sentí impulsada a hacerlo.

Una vez en Nueva York, pensé en la posibilidad de encontrarme casualmente con ella. Sabía que era una idea del todo absurda, pues son tres millones de personas las que viven en la ciudad, y que desde el punto de vista estadístico era imposible que me encontrara por azar con una persona en concreto. ¿Por qué creía yo que eso podría ocurrir? «No pierdas el tiempo buscando algo que no es posible», me dije a mí misma. No tenía sentido albergar tal expectativa. En varias ocasiones me tuve que recordar que no perdiera el tiempo ni mi atención en eso, y que me centrara en lo que realmente sí que iba a suceder. De modo que, en la medida que pude, me desprendí de aquella idea.

Más tarde, aquella misma noche, mi hermana, mi madre y yo regresábamos al hotel después de cenar cuando, al entrar en el vestíbulo, nos encontramos con un grupo de personas que esperaban el ascensor. De pronto, me fije en un hombre mayor de aquel grupo cuyo rostro me resultaba familiar. Me puse a rebuscar en mi cerebro desesperadamente dónde había visto yo aquella cara, pensando que debía de ser famoso. ¿Sería un presentador de noticias? Se lo señalé a Claire y le pregunté si sabía quién era, pero me contestó que no lo sabía. Tenía que darme prisa en recordar quién era, pues había pocas posibilidades, o ninguna, de que pudiéramos entrar todas las personas presentes juntas en el ascensor. Pero, afortunadamente, cuando aquel hombre entró en el ascensor con el resto de la gente, una señora mayor que llevaba un perro, dudó y nos hizo un gesto para que entráramos en su lugar. ¡Sí! Ahora me encontraba de pie a su lado, con cierta sensación de pánico al ver cómo pasaban los números de las plantas. ¿De qué le conocía? ¿Qué podría decirle?

Tenía que averiguar quién era, aun a riesgo de ponerme en una situación embarazosa delante de tanta gente.

—Perdone, pero ¿de qué le conozco yo a usted? –pregunté con la mayor de las cortesías.

—No lo sé; ¿de qué me conoce usted a mí? –respondió con un tono un tanto sarcástico.

Me sentí imbécil y avergonzada, pero su respuesta acrecentó también mi determinación.

—Le conozco de algo, sólo que no puedo recordar dónde le he visto –insistí.

—Me han entrevistado en la CNN y en la MSNBC. Quizá sea de eso –respondió, sin dejar de mirar la luz del botón del ascensor cuando llegaba a su planta.

Y, cuando toda la gente que le acompañaba salía ya del ascensor, me acordé de repente.

—¿Aparecía usted en el documental sobre Chely Wright?

—Sí, efectivamente.

—¡Oh, Dios mío, le adoro! –respondí literalmente y de la forma más exuberante.

Impactada y en un estado de frenesí, comencé a contarle lo que había contestado a mis amigas cuando me preguntaron qué es lo que más deseaba hacer en mi viaje.

—Cuando les dije que iba a venir a Nueva York, mis amigas me preguntaron qué es lo que más me gustaría hacer, ¡y les dije que querría conocer a Chely Wright! Aquel documental significó mucho para mí, y no me puedo creer que le haya encontrado a usted aquí. El hombre sonrió y, a pesar de su sarcástica respuesta inicial, pareció animarse con mi entusiasmo.

Se llamaba Welton Gaddy, y era amigo y consejero espiritual de Chely. Aparecía bastante en el documental, y también me había inspirado e impresionado mucho. Lo siguiente que supe fue que estaba sentada en un sillón de la suite del hotel donde se alojaba él con su esposa Judy y su hijo John Paul.

Resultó que vivían muy cerca de donde yo había nacido, en el estado de Louisiana, ¡y que Welton había conocido incluso a mi difunto padre! Habían sido amigos y colegas, dado que ambos habían sido ministros religiosos en la misma zona del estado. Welton estaba familiarizado incluso con una secretaría médica que había puesto en marcha mi padre y que nos había dedicado a mi hermana y a mí, al punto que nuestros nombres y credenciales aparecían pintados en un lateral de la clínica móvil.

Le hablé a todos de la aspiración que tenía de escribir un libro, y mantuvimos una conversación tan cálida y con tanta confianza que sentí como si nos conociéramos de toda la vida. Judy me dijo que estaban en la ciudad para asistir a una cena al día siguiente en la que Welton iba a recibir un premio. Pero lo más importante de todo lo que me contaron era que Chely iba a estar allí, y que yo podría comprar una entrada para asistir al evento. Intercambiamos nuestros números de teléfono y quedamos en que nos pondríamos en contacto al atardecer del día siguiente.

Cuando llegó la noche de la ceremonia de premios me sentía sola y nerviosa, si bien, a pesar de todo, me presenté en el lugar y Welton me dio una cálida bienvenida. Poco después, toda su familia vino a nuestro encuentro –Judy, sus hijos John Paul y James, y su nuera Amanda–. Fueron todos muy amables, y se mostraron muy complacidos de tenerme con ellos. Yo no me podía creer que estuviera allí y cómo se había desarrollado todo.

Más tarde, aquella misma noche, Welton me cogió del brazo, cogió del brazo a Chely y nos puso frente a frente. Le contó a Chely lo mucho que me había impactado su documental y la secuencia de acontecimientos que me habían llevado allí aquella noche, y ella me cogió de las manos con los ojos empañados en lágrimas. Nos abrazamos, nos hicimos fotos y charlamos hasta que el evento se puso de nuevo en marcha con discursos y presentaciones de premios.

La sincronicidad fue asombrosa. Ningún estadístico podrá negar la imposibilidad virtual del número incalculable y de la secuencia de acontecimientos que tuvieron que ocurrir para que aquello tuviera lugar. A la vuelta de nuestro viaje me encontré con las amigas a las cuales les había dicho entre risas que conocería a Chely Wright. ¡Cómo me divertí al contarles la historia, al detallarles lo que había sucedido y observar sus reacciones!

Sin embargo, lo verdaderamente impactante de esto ya no guardaba relación con Chely Wright ni con el documental. A lo largo de mi sendero espiritual he buscado la prueba de que en todo ser humano existe un alma inmortal, que nuestra vida significa mucho más de lo que podemos imaginar. Pero, a través de esta vivencia de sincronicidades, descubrí que una y otra vez se me han estado enviando respuestas. He aprendido a prestar atención incluso a las cosas más pequeñas cuando pido orientación y a permanecer abierta a los dones que se me van dejando en el camino. En ocasiones, me da la impresión de que, cuando me detengo a mirar con mucha atención es cuando las cosas suceden. He aprendido también que seguir mi instinto/intuición me va a llevar hacia lo que Dios, el universo o la interconexión de todo está creando para mí, al igual que ocurrió cuando tantos acontecimientos insignificantes se alinearon para que pudiera conocer a Chely Wright.

Parecía imposible que hubiera podido conocerla en una ciudad con más de ocho millones de habitantes si yo iba a estar allí sólo unos cuantos días. Pero lo imposible sucedió porque así lo pedí y porque Dios y el universo se encargaron de ello. Fue y es un regalo que no sólo guardo en mi corazón, sino que también me proporciona una inmensa alegría al compartirlo. Sé en lo más profundo de mi corazón que aquello fue un milagro, una respuesta a todas mis oraciones en las que pedía una señal, una prueba. Ahora tengo esa prueba, y sé que los milagros suceden, y que ocurren a diario.

❧ 11 ❧

El regalo de una madre

Kathy Jackson

Hay momentos en la vida en que atravesamos situaciones vitales tumultuosas sin ser conscientes de que nuestro futuro está a punto de cambiar. Ésa fue mi experiencia en un otoño de hace muchos años. Todo comenzó cuando mi pareja recibió una llamada telefónica que ninguna hija querría recibir jamás, haciéndole saber que su madre había sufrido un ahogamiento mientras comía y que estaba en la UCI. Al final, aquella comida sería la última que ingeriría su madre, y aquél sería también el último día en que pronunciaría una palabra, pues los médicos le diagnosticaron una ELA (esclerosis lateral amiotrófica) en una fase avanzada.

El pronóstico no era bueno. Nola debería permanecer en la cama, conectada a un respirador hasta el final de su vida, cuyo desenlace esperaban en unos cuantos meses. La vida había cambiado de una forma drástica para todas nosotras aquel día. Mi compañera, Casey, decidió pasar cada instante de su tiempo libre en el hospital, con Nola. La relación entre ellas se había visto sometida a tensiones casi de forma permanente, pero ahora se estaba desarrollando un vínculo diferente entre ellas. A Nola le encantaba que le cepillaran el cabello y que le frotaran las manos y los pies con la loción. Le encantaba también escuchar música, especialmente su canción favorita, «Amazing Grace». Estaba muriéndose físicamente, pero seguía del todo consciente. Mientras Casey le leía a su madre *El profeta,* de Khalil Gibran,[3] yo disfrutaba al presenciar cómo se iba profundizando el amor que había entre ellas. Nola, por fin, conocía a su hija.

La soleada tarde en que Nola exhaló su último aliento fue a un tiempo triste y gozosa. El espíritu de Nola se había liberado por fin de la tumba de su cuerpo. Mientras esperaba en el pasillo del hospital para dejar que Casey pasara unos instantes de soledad con su madre, escuché una melodía familiar: «Amazing Grace», la canción que tanto consuelo le había proporcionado a Nola en sus últimas semanas. La amiga que había venido de visita aquella tarde también la escuchó, y nos miramos con un gesto de curiosidad, preguntándonos de dónde procedería aquella música.

Avanzamos por el pasillo, asomando la cabeza por las puertas para ver si podíamos determinar el origen de la canción; pero rastrearla resultaba difícil, porque parecía flotar en el ambiente, por delante y por detrás, en igual medida, con independencia de adónde nos dirigiéramos. Recorrimos toda la planta del hospital, y seguíamos sin encontrar una explicación razonable. No pudimos dar con habitación ni fuente alguna donde pudiera tener su origen la canción. Nos mirábamos atónitas. ¿Cómo podía ser? Sin embargo, ambas conocíamos la respuesta: ¡Sí! Sí, era un mensaje de Nola, un mensaje que decía «Adiós, gracias, estoy bien». Era su último abrazo, envuelto en una canción.

Aunque yo apenas había conocido a Nola antes de su enfermedad, sentí que entre nosotras se había formado un vínculo increíble durante las visitas al hospital. Un vínculo tan sólido que, incluso muchos meses más tarde, mucho después de que Casey y yo hubiéramos dado por concluida nuestra relación, yo continuaba sintiendo la presencia de Nola en mi vida. Durante el año que siguió a la muerte de Nola yo experimenté un gran cambio espiritual y energético. Físicamente, me sentía como si estuviera conectada a un

---

3. Publicado por Ediciones Obelisco. Barcelona, 2009. *(N. del T.)*

cable de esos con los que se hace un puente en una batería. Me parecía estar atravesando un espeso banco de niebla, pues era incapaz de dormir, de comer o de sentarme siquiera durante más de cinco minutos. Emocionalmente, estaba hambrienta. Leía muchos libros espirituales y juraba y perjuraba que me mantendría abierta para sentir cualquier cosa que necesitara sentir con el fin de poder sanar y crecer.

Durante aquel tiempo descubrí que caminar me resultaba especialmente beneficioso, sobre todo para mi bienestar emocional. Y fue durante aquellas arboladas y surrealistas caminatas en las que el camino se encontraba con la hierba cuando escuché de nuevo la canción de Nola, «Amazing Grace». La oía con tanta claridad como a los pájaros. Cada vez que la canción comenzaba a sonar, se me erizaba la piel de la nuca, y el brazo y la pierna derechos, y una única lágrima fluía de mi ojo derecho. Sabía más allá de toda duda que era Nola, que acudía a mi lado en un momento de necesidad, del mismo modo que yo había permanecido junto a ella en sus peores momentos. Nola utilizaba su canción como una firma, para comunicar el mismo mensaje que había compartido el día en que se produjo su transición, el mensaje de que todo iba bien.

Pasaron los meses, y mi situación emocional fue mejorando día a día. Sentía a mi alrededor en todo momento la presencia calmante de Nola. Sin embargo, hubo un día en particular en que esa sensación fue más intensa que nunca. Yo estaba conduciendo y tenía la clara sensación de que Nola me estaba llevando a alguna parte. En cuanto tomé la decisión de someterme a las direcciones que recibía intuitivamente de mi vieja amiga, me descubrí de pronto en el centro comercial de Penn Square. Yo no soy una persona a la que le guste ir de compras, por lo que un centro comercial es el último lugar en la tierra en el que alguien podría encontrarme. Pero allí estaba yo, con la certeza interior de que tenía una misión que cumplir.

Mientras recorría el centro comercial, intentando captar las orientaciones de Nola y saber cuál era su propósito, acabé en una pequeña tienda de temática safari, con juegos de la tierra, fuentes y todo tipo de animales selváticos, tanto de plástico como de peluche.

Probablemente, era la única tienda en todo el centro comercial en la que yo hubiera podido disfrutar algo. Me puse a mirar con curiosidad entre los objetos exhibidos. No había nada que yo necesitara ni quisiera y, sin embargo, sabía que estaba allí por algún motivo. Al final, llegué hasta el muro en el que se encontraban las fuentes, y allí permanecí durante varios minutos, pidiendo que se me permitiera comprender qué es lo que Nola intentaba decirme. De pronto, sentí aquella sensación familiar del erizamiento de la piel en la nuca y la parte derecha del cuerpo, y la de aquella única lágrima que fluía de mi ojo derecho.

Y en ese momento fue cuando el mensaje me llegó a la conciencia. El cumpleaños de Casey sería a la semana siguiente, y Nola quería hacerle a su hija un regalo. Exploré las fuentes, aparentemente a través de los ojos de Nola, hasta que mi mirada se posó sobre una hermosa fuente con una familia de lobos en una ladera. El agua caía sobre las rocas y alrededor de la manada de lobos, y transmitía un tranquilizador mensaje familiar. Aquél era el motivo por el cual yo estaba allí.

Miré el precio de la fuente y tragué saliva. Costaba más de lo que yo me podía permitir, de modo que me dije, «Si esta fuente está en venta y puedo comprarla por menos de 100 dólares, sabré que esto es lo que se supone que tengo que llevarme». Cogí una de las fuentes empaquetadas y me fui a la caja y, claro está, terminé llevándomela a casa.

Pero aquí viene el problema de comprar un regalo de cumpleaños para tu expareja, un regalo que le hace su difunta madre: que parece una locura. Tras mucho debate interno, finalmente fui capaz de superar la cuestión de qué le podría parecer o qué podría pensar la persona que recibiría el regalo. Tan sólo tuve que confiar en la verdad del mensaje que había recibido de Nola. Yo tenía que entregar el regalo de una madre a su hija. Nola me había confiado su deseo y me había llevado a dar los pasos necesarios para cumplir con él. No la iba a dejar en la estacada.

Mi vida ha dado muchas vueltas y giros en los últimos quince años, desde aquel momento crucial en el hospital en que realicé mi primera conexión real con el otro lado. Aunque he tenido muchas experiencias de este tipo, y mi capacidad para sentir y reconocer ha seguido incrementándose, una de las ocasiones más dulces de mi actual sendero espiritual sigue siendo la esporádica ocurrencia del «Amazing Grace» y de esa única lágrima.

❧ 12 ❧

«¡POP!», hizo el secador

Janet Rozzi

Risas, pizza, caza y artesanía de azulejos; así es como siempre recordaré a mi tío Ray, y más o menos por ese orden. Yo adoraba a mi tío Ray. Su risa era estrepitosa, y disponía de una inagotable cantidad de energía. Podía preparar una pizza desde cero, aparentemente al instante, y su ingrediente especial era el amor. El simple hecho de estar cerca de él te hacía sentir bien. Era un apasionado de la caza, a la cual tenía fácil acceso debido a que detrás de su casa se extendían hectáreas y más hectáreas de territorio de caza de la Back Mountain. Solía salir a cazar con sus cuatro hijos y su fiel perro. Era contratista de baldosas y azulejos, y conocía bien el valor y el orgullo del que trabaja duro.

Las personas como él deberían vivir siempre. Su alegría es energía pura, y su positividad es contagiosa. Nunca es suficiente el tiempo que pasas con ellas, y siempre nos dejan con la sensación de querer más.

Durante un triste día de principios de diciembre, hace unos cuantos años, recibí una llamada de mis padres en la que me informaban que mi tío Ray había fallecido de un modo repentino. La noticia me afligió profundamente y, a fuer de ser sincera, me sentí también un poco engañada, pues pensaba que mi tío no me había dedicado el tiempo suficiente. Deseaba cerrar los ojos y que todo hubiera sido un sueño, y despertar sabiendo que todo estaba en su sitio y que mi tío seguía estando con nosotras. Pero cuando abría los ojos la realidad se imponía de nuevo.

En la mañana del funeral, mientras me arreglaba, no hacía más que pensar en mi tío. Evocaba los muchos recuerdos amables que tenía de él, con el único deseo de seguir disfrutando de él un poco más, aunque sólo hubiera sido para decirle lo mucho que lo quería y lo mucho que significaba para mí. Me estaba secando el pelo cuando pensé, «Me pregunto si serías capaz de hacerme una señal para indicarme que sigues conmigo, tío Ray».

Al cabo de dos segundos, hubo un sonoro «¡POP!», y el secador dejó de funcionar. Me quedé atónita, y a punto estuve de soltar de golpe el aparato. Y entonces escuché a mi tío riéndose entre dientes, y diciendo: ¡Ah, sólo me estaba cachondeando de ti!, y otra risita suya. ¡Yo no le había oído decir aquello en casi veinte años! Me eché a reír. ¡Estaba tan contenta de oír su voz de nuevo, y de saber que aún estaba allí! Pero me inquietaba el hecho de haber obtenido de forma tan rápida evidencias de que seguía estando conmigo tras su muerte. De ahí que dudara en pedirle más evidencias de su presencia, por la curiosidad de ver qué otras cosas podrían ocurrir. Aunque aquello había sido sorprendente, en aquel momento no estaba segura de si estaría preparada para una interacción más directa con su espíritu. Así pues, cogí otro secador y me centré en prepararme para el funeral, sin pedirle a mi tío nada más de momento.

Fui al funeral con la paz mental que me proporcionaba la idea de que mi tío estaba en un lugar mejor y de que todavía era el feliz y despreocupado hombre que yo había conocido. Nada había cambiado. Él se había esforzado mucho en su trabajo, para que no le faltara de nada a su esposa, de cincuenta años, y su familia, y yo sabía que, incluso en aquellos momentos, seguiría cumpliendo con sus deberes porque seguiría junto a ellos. En un principio, me sentía triste por el hecho de que no hubiera podido disfrutar de los años de relajación que la jubilación le hubiera podido reportar, pero parecía estar igualmente feliz al otro lado, como lo evidenciaba la pequeña broma que me había gastado. Yo sabía que aquélla era la señal de que estaba bien, y que era feliz, y que seguía junto a las personas que le querían, aunque su cuerpo físico estuviera ahora descansando. Al funeral acudió una multitud de familiares, amigos y vecinos en cuyas vidas él se había hecho presente de un modo u otro. Pensé que resultaba un tanto irónico que un hombre que había inspirado tantas risas generara ahora tanta tristeza. Me lo medio imaginé intentando hacer una broma para aliviar la situación, que era lo que siempre hacía.

Durante el almuerzo que siguió a los servicios funerarios, uno de mis primos me contó que, tan sólo unos cuantos meses atrás, mi tío había «colgado» sus armas y se había jubilado oficialmente de toda una vida dedicada a la caza. Parecía haber sido una decisión repentina, aunque definitiva. Mi tío les dijo que aquélla era su última excursión de caza, y quizá también sabía que era su último Día del Padre, pues no vería ya otro. Era casi como si supiera que su fin se aproximaba, y que haría su transición en breve. En ningún momento mencionó nada delante de la familia respecto a si sabía o no que pronto fallecería, pero yo he oído historias similares de personas que parecían saber que su momento se acercaba y que habían tomado decisiones parecidas a las de mi tío.

Por mucho que la experiencia con mi tío me inquietara en un principio, me he abierto a las posibilidades de lo que hay más allá de este mundo tridimensional, y me conforta enormemente el hecho de que nuestros seres queridos permanezcan con nosotras después de haberse despojado de su cuerpo terrestre. Para mí fue un pequeño milagro comprobar que, en verdad, nuestros seres queridos permanecen con nosotras en nuestro corazón y nuestro espíritu (¡y que a veces, incluso, interactúan con nosotras!). Con el tiempo y la práctica, me he habituado a escuchar la guía divina, esa tenue voz interior que me susurra cuando necesito certezas, o bien una dirección hacia la cual dirigirme. Si estoy tranquila y en silencio, si no me dejo distraer por las cosas que me rodean, soy capaz de escuchar esa guía. Ya no les pido a los seres queridos fallecidos que me demuestren que están ahí conmigo (porque, a un determinado nivel, me doy cuenta de que todavía no estoy preparada para eso), pero sí les pido que se mantengan cerca de mí, sobre todo cuando sientan que quizá necesite un poco de amor.

También he pedido la guía divina en otras áreas de mi vida porque, si puede ser de ayuda en un nivel profundo con las grandes preguntas de la existencia, ¿por qué no recurrir a ella también en la vida cotidiana? Algunas de mis preguntas son grandes, en tanto que otras son más pequeñas. ¿Siguen con nosotras nuestros seres queridos después de realizar su transición hacia el espíritu puro? ¿Hacia dónde giro en esta carretera? ¿Dónde me dejé las llaves? Cuando me formulo estas preguntas, sé que, si permanezco lo suficientemente tranquila, puedo escuchar la voz interior que me susurra, «Gira a la derecha», o «Busca las llaves en la nevera». El problema estriba en acordarse de permanecer tranquila, para poder escuchar la voz interior y no dejar que la cháchara mental interfiera.

Con un sonoro «¡POP!» y con las sencillas palabras que me dirigió mi tío en la mañana de su funeral, todo mi mundo se abrió a un sinfín de posibilidades. Ahora comprendo que el don de la vida es mucho más rico de lo que jamás hubiera podido imaginar. Sólo con que tengamos el coraje suficiente para explorarlo, saldremos un poquito de nuestra zona de confort y nos abriremos a otras posibilidades. Puede parecer muy sutil, pero mi tío me habló de una manera que no me dejó ni la más mínima duda de que era él. Quizá fuera sutil lo que yo necesitaba en aquel momento, hasta que me sentí más cómoda recibiendo tales mensajes.

Ahora, disfruto recurriendo a la guía divina de forma regular para vivir al máximo la vida. Comprendo mejor las grandes preguntas de la existencia (como la de qué nos ocurre cuando abandonamos este mundo), pero lo más importante es que me ha ayudado a mantener la tranquilidad y el silencio suficientes como para prestar atención y valorar plenamente cada día, y disfrutar de los extraordinarios recuerdos que se generan en el transcurso de lo que puede parecer una vida cotidiana y ordinaria. Y cuando siento que necesito un empujón, un poco de esperanza y de confort, sé que no sólo puedo contar con los seres queridos que están aún aquí conmigo, y sé que el amor realmente no tiene límites.

✌ 13 ✌

Una amistad imperecedera

Michelle McDonald Vlastnik

Estaba en el parvulario, colgando boca abajo de las barras de los columpios, intentando mantener el vestido en su sitio, cuando de pronto mis piernas se soltaron. No me hice daño, pero lloré un poco, de modo que mi profesora hizo que me sentara en una mesa, mientras me recuperaba. Fue entonces cuando vino Randy a consolarme, y nos convertimos en amigos inseparables.

Randy Parker, aquel chico rubio, de ojos verdes y voz ronca, resultó ser el chico de la puerta de al lado, pues vivía en la casa de la esquina, en diagonal con la mía. Ambos éramos unos niños despreocupados que simplemente nos lo pasábamos bien, subiéndonos al remolque de la cortadora de césped de su padre, disparando a los ratones en el granero, bebiendo refrescos con pajitas, chupando caramelos de Hot Tamale sentados en el portón trasero de la vieja camioneta de su padre, y subiendo y bajando con nuestras bicis las rampas que nos construíamos. ¡Espíritus afines, eso es lo que éramos, y a mí me encantaba pasar el rato con él!

Fue un caluroso día de verano del mes de agosto de 1972. Yo tenía nueve años. Un puñado de niños y niñas nos habíamos reunido para jugar inocentemente a los médicos. Habíamos ingresado a dos de los chicos porque uno había atropellado al otro con su motocicleta. Utilizábamos Smarties a modo de pastillas y barras de caramelo para las comidas. Con aquello se curaban todas las enfermedades. Bien, el juego se prolongó, y los pacientes terminaron cansándose. Intentando dar por zanjado su papel en el juego, Randy dijo:

—Simulemos que me muero.

¡Qué poco sabía yo en aquel momento lo inquietante que me resultaría todo aquello en mis recuerdos de ese día!

Posteriormente, al atardecer, Randy se pasó por mi casa para ver si me iba con él a dar una vuelta con las bicis. Mi primo y mi hermana, que eran más pequeños, se querían venir con nosotros, de modo que puse a mi primo delante de mí en el largo sillín de banana de mi bici, para así sostenerlo mejor, y mi hermanita se subió a la parte trasera del sillín de Randy. Pero, en el último momento, decidí que sería mejor que mi primito se quedara en casa, y le dije a mi hermana que se subiera conmigo. Aquella decisión tendría tal transcendencia que cambiaría el curso de una vida.

Nos dirigimos a la carretera del campo. El perro de mi hermana corría por la pradera junto a Randy, que iba con su bicicleta por el arcén. Randy iba por un lado de la carretera, y yo por el otro. Al llegar al desvío, oí en la distancia una moto y me salí del arcén para meterme en el campo. Randy cruzaba la carretera para unirse a mí cuando, de repente, la moto apareció por la curva siguiendo la línea central.

¡Impacto!

El golpe fue tan tremendo que la moto se paró en seco. Randy salió despedido por los aires, perdiendo los zapatos y los calcetines en el vuelo, elevándose por encima de los cables de la línea telefónica y aterrizando en el campo, justo delante de mi bici. Nunca olvidaré el sonido que hizo el aire cuando su cuerpo golpeó contra el suelo.

Di un brusco frenazo para no atropellarlo y, horrorizada, salté de mi bici y salí corriendo hacia casa en busca de ayuda. ¡Oh, Dios mío, mi hermana! La llevaba detrás en mi bicicleta. ¿Dónde está Vanessa? Di la vuelta para buscarla. Estaba paralizada, con la mirada fija en el cuerpo inmóvil de Randy. La agarré del brazo y grité:

—¡Vamos, Vanessa!

Y reinicié la carrera hacia casa en busca de ayuda.

Todo se movía como a cámara lenta, con una especie de neblina en los contornos de mi visión. No parecía real. Veía a la gente salir de las casas. Escuché mi voz gritando:

—¡Han atropellado a Randy! ¡Una moto ha atropellado a Randy!

Llegaron una ambulancia y la policía a la escena del accidente. El automóvil de la policía estaba estacionado en el campo, a mitad de camino entre mi casa y el lugar donde se encontraba la ambulancia. Me dijeron que los policías querían hablar conmigo, pero yo no quería ir donde yacía el cuerpo de mi amigo. ¡Dios mío! Yo no quería ver a mi mejor amigo en tan mal estado. ¡No quería quedarme con aquel recuerdo! Me resistía a andar mientras me empujaban hacia los agentes. Vi a los paramédicos levantando el cuerpo de mi amigo y poniéndolo en la camilla, con una de sus piernas colgando de una tira de carne.

Yo era una niña, y estaba muy asustada. Obviamente, aún estaba en shock por la traumática experiencia, y de pronto me encontraba sentada en el asiento delantero del coche de policía. La voz del agente, haciéndome preguntas, era un murmullo en mis oídos, mientras yo me miraba las piernas salpicadas de sangre y le daba un golpecito a un trozo de piel de mi amigo que se había quedado pegado en una de mis rodillas. Vi cómo aquel trozo de piel se quedaba pegado en el salpicadero del coche. En lo profundo de mi corazón sabía que mi amigo iba a morir. ¿Acaso no le importaba a nadie?

Aquella noche, la casa estaba sombría. A mis padres les habían llamado al trabajo para que vinieran. Abrí el grifo de la bañera, y luego fui a decirle a mi madre lo que sentía en mi corazón. Ella estaba en el fregadero lavando platos. Le pregunté a mi madre si podría ir al funeral de Randy, porque estaba segura de que iba a morir. Mi madre dijo que sí. Volví al servicio y me di un baño, restregando cada centímetro de mis piernas.

Al día siguiente nos llegó la noticia de que mi amigo había muerto.

En algún momento entre su fallecimiento y su funeral, Randy vino a verme. Era como un sueño, pero diferente. Era un lugar en el espacio, quizá como una noche sin estrellas, y de pronto Randy estaba allí de pie, delante de mí. ¡Me emocioné mucho y me sentí muy feliz al verle! Parecía mucho más mayor con el traje que llevaba. Nunca le había visto así vestido. ¡Demonios! Él siempre llevaba ropa para jugar —pantalones cortos y camiseta a rayas—, y normalmente iba descalzo. Aquella noche llevaba un traje oscuro con una camisa blanca y una corbata a rayas, pero no llevaba zapatos. Sólo un par de calcetines blancos de tubo.

Me dijo que había tenido que encontrar el camino de vuelta hasta mí porque quería asegurarse de que yo estaba bien, y porque quería despedirse. ¡Yo estaba tan feliz de verle! Quería mucho a mi amigo. Pero la visita fue muy corta. «¡No te vayas, Randy! Por favor, quédate un poco más», me desperté gritando.

Estaba destrozada, con el corazón roto. Mi madre me cogió de la mano mientras nos acercábamos al féretro de Randy, en el salón del velatorio. Randy parecía tener dieciséis años, a pesar de tener sólo nueve. Al igual que en mi sueño, llevaba un traje oscuro con una camisa blanca y una corbata a rayas. Miré hacia los pies, pero la parte inferior del féretro estaba cerrada, de modo que no pude comprobar si calzaba zapatos. Estuve allí de pie un rato, echando de menos a mi amigo, preguntándome si el corazón dejaría de dolerme algún día.

Vi a su padre y a su madre en la primera fila. El señor Parker era un hombre alto y grande, pero aquel día estaba encorvado y sollozando, mientras la señora Parker le abrazaba. Me hubiera gustado acercarme a él y abrazarle también. Su dolor era profundo, y me dolía el corazón por él.

La semana siguiente al funeral metí mi bicicleta Huffy de color púrpura en casa, me detuve al llegar a la escalera del sótano y dejé caer la bici escaleras abajo. Observé cómo daba saltos sobre los escalones de madera y cómo se estrellaba al llegar abajo. Después, cerré la puerta del sótano y di la vuelta a la llave.

Me llevó alrededor de una semana hacer acopio del coraje suficiente como para preguntarle a la hermana de Randy qué zapatos llevaba cuando fue enterrado. No pretendía entristecerla, pero realmente necesitaba saber si llevaba unos calcetines blancos de tubo, tal como yo lo había visto. Su hermana me lo confirmó. Todo encajaba a la perfección; aquél era el atuendo que llevaba cuando vino a verme para asegurarse de que yo estaba bien y para despedirse. Pero no sería aquélla la única vez en que Randy se me aparecería.

Algún tiempo después de su muerte, mientras estaba sentada en el sillón reclinable de mi padre viendo la televisión, vi a alguien que montaba en bicicleta delante de la casa. Era Randy, tan claro como la luz del día, subido en su bici por la carretera. De un salto me planté en el ventanal frontal de la casa para verle. Le vi dar la vuelta, entrar en el sendero que llevaba a la puerta de nuestra casa y desaparecer a mitad de camino. Entré en éxtasis, y corrí a decírselo a mi madre, que no dejaba de insistir en que había sido un sueño. Pero yo sabía, como he sabido desde que tenía tres años, cuando empecé a ver espíritus, que era Randy que venía a verme, como había hecho tantas veces en vida.

Randy vino incluso a verme a través de una canción titulada *Seasons in the Sun* (*Estaciones en el sol*), de Terry Jacks. Aún hoy me toca el alma cuando la escucho, sabiendo que procede de mi amigo.

Alegría en estado puro es lo que mi alma sentía cada vez que estaba con mi amigo. Incluso después de su muerte, él ha sido mi mayor maestro. Me mostró el amor incondicional y honró cada uno de los aspectos de mi ser. Ese sentimiento ha sido mi brújula a lo largo de mi vida, una brújula que me ha llevado a redescubrir mi auténtico yo. Estoy agradecida por los cuatro años que pude pasar aquí en la tierra con ese brillante Ser de Luz, y me siento muy emocionada por el hecho de que, recientemente, Randy se haya convertido en uno de mis guías espirituales, mientras sigo cumpliendo con la misión de mi propósito de vida, ayudando a otras personas a redescubrir su auténtico yo. Guardaré a Randy para siempre en mi corazón, porque él me mostró que la muerte no es más que el fin del cuerpo, y que el alma es eterna.

🎕 14 🎕

El espíritu del cáncer

Jodie Harvala

Nos enteramos de la noticia: mi suegra, Priscilla, tenía un cáncer de páncreas en fase cuatro: terminal. Unas cuantas semanas después, recibimos una llamada de un amigo, Loren, al que le habían diagnosticado un cáncer de garganta y de hígado en fase cuatro, también terminal. Después, mi buena amiga Beth me telefoneó para decirme que tenía un cáncer de mama.

Estos tres diagnósticos llegaron en el plazo de unas cuantas semanas. Yo me sentía devastada. Todas las noches me desvelaba intentando discernir qué significaba todo aquello.

La frase «dos se pierden, una vive» me llegó, al parecer, de la nada. Escuchaba una y otra vez ese mensaje en mi cabeza. Como médium psíquica, sentía que eso era lo que sucedería, tanto si me gustaba como si no. Sinceramente, lo que me molestaba era que el universo me enviara ese mensaje sólo para arrebatarme las esperanzas que pudiera albergar. Tenía la sensación de que mi suegra y Loren morirían a causa de sus cánceres, y también sabía que Beth lo pasaría mal, pero que sobreviviría.

Comencé a tener ataques de pánico. Se me tensaban los músculos de la caja torácica y no había manera de que entrara aire en mi organismo, y no dejaba de dar vueltas en la cabeza acerca de qué podría significar todo esto. Me había pasado la vida temiendo a la muerte, y ahora tres personas cercanas se encontraban en el filo de su existencia. Poco podía imaginar que el Espíritu tenía un plan para aliviar mi padecimiento.

Durante el transcurso del viaje con estas tres personas, tuve la suerte de contar con una mentora que me recordaba que estuviera presente en todo momento y que buscara los dones que llegarían con lo que estaba ocurriendo. Acepté de corazón su consejo y comencé a practicar conscientemente el vivir el instante con mis amigos y mi familia.

Mi suegra fue realmente valiente en su viaje a través del cáncer, pues sobrevivió a cada una de las «fechas de caducidad» que los médicos establecían. Aunque le habían dado sólo cuatro meses de vida, juro que nos miraba a todos en la familia y pensaba para sí, «De ninguna manera; esta gente aún me necesita». Diecisiete meses después exhaló su último aliento.

Mi amigo Loren se aferraba a la esperanza de que superaría el cáncer, y yo me mantuve a su lado en esa creencia hasta que supe que había llegado el momento. Loren también lo sabía, porque me escribió un mensaje en respuesta a una petición amistosa que yo le había enviado, bromeando sobre la palabra secreta que deberíamos acordar para que yo supiera con toda certeza que su espíritu estaba conmigo. Le planteé que nuestra palabra codificada fuera «Disneylandia», pero en la sencilla respuesta de Loren sólo se podía leer «Te quiero». Más adelante me enteraría de que había enviado esas palabras, esos mensajes de amor incondicional a muchos de sus amigos y familiares a través de e-mails, correos de voz y páginas de Facebook. A día de hoy, muchas de esas personas aún conservamos esos mensajes, para no olvidarnos de su amor, aún después de que se produjera su tránsito.

Beth, por otra parte, mantuvo el proceso de su cáncer en un plano increíblemente privado, pero me ponía al día de cuando en cuando y me contaba las más sorprendentes historias acerca de lo que sentía, veía o experimentaba en los momentos en que tenía la sensación de que iba a desconectar del mundo. Sufría mucho durante los tratamientos que recibía para el cáncer de mama, pero Beth salía de ellos con lecciones y mensajes procedentes del Espíritu. Cada instante de agonía física le abría el corazón y la mente al Espíritu, y jura que su experiencia con el cáncer, por dura que fuera, le cambió inmensamente la vida.

Loren fue el primero en fallecer. Era el mes de julio, y yo sabía que moriría en algún momento durante aquella semana. De improviso, me desperté en mitad de la noche y me senté en la cama. Había oído gritar a alguien con toda claridad: «¡Estoy aquí!».

Medio dormida como estaba, pensé, «¿Quién está aquí, y por qué estás en mi casa a las tres de la madrugada?».

Mientras intentaba levantarme de la cama para ver quién había llegado, escuché con toda claridad a alguien decir, «No, es mejor que te vuelvas a dormir». Amablemente, alguien me llevó de vuelta a mi almohada, y enseguida caí en un sueño profundo y reparador. A las seis en punto me desperté de nuevo con cierta sensación de urgencia. Me senté en la cama y cogí el móvil. Había un mensaje de texto. Loren había fallecido durante la noche. Yo sabía que Loren había acudido junto a mí durante la noche para decirme que se iba allí donde necesitaba estar. Y, aunque yo lloraba y me lamentaba, el hecho de saber que estaba a salvo y en paz nos produjo un gran consuelo, tanto a mí como a mi familia.

Al día siguiente, incluso, seguí recibiendo señales de Loren en la forma de anuncios de Disneylandia, los cuales parecía que no dejaban de emitirse, como si Loren estuviera diciendo: «¿Lo ves? ¿Ves lo que te estoy mandando?». Yo me echaba a reír y decía en voz alta:

—¡Te oigo!

Loren permanecía aún con nosotras; y yo sabía que ayudaría a mi suegra cuando ella comenzara también su transición.

Trece meses después de su «fecha de caducidad» original, Priscilla comenzó a marchitarse. Podía sentir cómo el espíritu de mi querida suegra entraba y salía de su cuerpo a medida que se aproximaba la muerte, y sentía que me visitaba en esos momentos. Su espíritu estaba impulsado por un amor incondicional a su familia y por su sólida fe y amor a Dios.

Una noche percibí una presencia en mi habitación y, aunque soy una médium psíquica, no suelo atender a esas visitas que se presentan a avanzadas horas de la noche, dado que resultan un tanto tenebrosas. Como pensé que tal vez sería Priscilla, que en aquel momento hacía su transición, sintonicé con la energía, pero no me resultó reconfortante ni cálida, como era ella, de modo que dije en voz alta:

—No sé quién eres, pero lárgate.

El espíritu se fue, y me volví a dormir.

No obstante, aquella entidad regresó a la noche siguiente. De nuevo, le dije que se fuera, que no tenía ni idea de quién era y que su presencia me resultaba incómoda. Una vez más, se fue.

Sin embargo, la entidad regresó por tercera vez, por lo que decidí ponerme en contacto con una compañera, que también es médium psíquica, en busca de consejo. Lo que me dijo me llegó a lo más profundo.

—Es el espíritu del cáncer. Quiere hablar contigo. Pregúntale qué es lo que te tiene que enseñar.

¡Debía de estar bromeando! Priscilla se encontraba cada vez peor, y yo me estaba enfadando. No tenía ningún interés en charlar con el maldito espíritu del cáncer, ¡a menos que fuera para decirle lo que pensaba de ella![4]

Por cuarta noche consecutiva, el espíritu volvió a aparecer y, esta vez, respiré hondo y me dispuse a mantener una conversación.

—¿Qué quieres enseñarme? –pregunté, mientras intentaba contener mi ira.

El espíritu se parecía a mi suegra, pero enferma, oscura y triste, como si llevara un velo gris o permaneciera oculta de algún modo. Tengo que admitir que aquello resultaba tétrico, y que yo estaba algo más que asustada con su aparición. De pronto, el velo comenzó a caer capa a capa, y yo hice algo más que escuchar cuando me dijo que cada una de las capas representaba todas las emociones que Tenemos respecto al cáncer. Lo odiamos, albergamos resentimiento

---

4. En el original inglés, se trata al espíritu del cáncer en términos femeninos. (N. del T.)

contra él, queremos matarlo, controlarlo; todas esas cosas desagradables emergen cuando el cáncer se nos muestra. Una vez terminó de desprenderse del velo, contemplé algo fascinante debajo. El centro del cáncer –es decir, el centro del espíritu que se me apareció aquella noche– era amor puro.

No entendía nada. ¡Amor puro! Le pedí a aquel espíritu que me explicara cómo podía ser amor puro. De pronto, un río de recuerdos comenzó a cruzar por mi mente, recuerdos del último año, de los combates emprendidos con Loren, Priscilla y Beth. El espíritu me mostró las risas, los abrazos, las conversaciones sinceras y las manos entrelazadas entre nosotros. El espíritu me mostró que la enfermedad de mi suegra había traído cambios en la vida de toda la familia. Vi a su marido junto a ella en todo momento, asegurándose de que estaba cómoda, cuidando de ella. Vi mi propio crecimiento personal cuando aprendía a dar la cara y estar presente incluso a pesar de mi miedo a la muerte, descubriendo que yo podía decidir cómo realizaría ese paso. El hecho de ver a mi marido sosteniendo la mano de su madre todavía me empaña los ojos, por lo vulnerable que parecía en aquellos momentos. Era puro amor, y tuvimos la oportunidad y el honor de recorrer aquel sendero con ella. Todavía albergábamos la cólera, el resentimiento y el miedo; pero, por debajo de todo eso, en el centro de todo, era *amor puro*. Nunca hubiera esperado algo así.

Después de aquella experiencia, algo cambió en mi interior. Había podido ver los dones del cáncer de una forma mucho más clara que nunca. Todavía siento un poco de ira, y duelo, claro está; pero también entendí que esa experiencia estaba destinada a cambiar nuestras vidas. Era un regalo.

Yo me quedé en casa con los niños el día en que Priscilla falleció. Un cansancio infinito se apoderó de mí, al punto de quedarme dormida, sólo para despertar poco después con un sonido de sirenas, campanas y pitidos. Mi marido me llamó por teléfono no mucho después para decirme que su madre había muerto. Creo que con aquellos pitidos y demás, ella me estaba diciendo que había llegado el momento. Aquella noche, cuando me fui a dormir, tuve una visión de ella recorriendo un arcoíris en el que Loren la estaba esperando, tendiéndole la mano para ayudarla a pasar a aquel lugar en el que la esperaba una multitud de seres queridos que habían fallecido antes que ella. También escuché a Loren decir, «Está bien. La tengo». Y supe que la tenía. La vi caminar en esa luz y ese amor, y supe que se hallaba en paz.

Y aunque fue un viaje muy duro, gracias al espíritu del cáncer, también me siento en paz, pues sé que en el núcleo de nuestro dolor y nuestra lucha se encuentra el amor puro que espera ser revelado.

❧ 15 ❧

El milagro de Marc

Jean Culver

Cuando mi hijo pequeño, Daniel, entró en nuestras vidas hace veintitrés años, comenzaron a suceder cosas inexplicables. Los fantasmas frecuentaban nuestra casa, había energías negativas que entraban y salían, y ocurrencias inexplicables se convirtieron en la norma para todos nosotros. Daniel, según supimos después, tiene unos dones espirituales sorprendentes. Puede ver, oír y sentir espíritus y entidades fantasmagóricas que están con él, tanto espiritual como físicamente, desde que nació.

Cuando era muy pequeño, Daniel tenía infecciones de oído con frecuencia. A los cinco años, padeció una enfermedad de riñón terminal que, misteriosamente, remitió al cabo de unos cuantos meses. Y en su adolescencia, tuvo también problemas cardíacos que no pudieron ser diagnosticados.

Más adelante, Daniel padeció asimismo problemas estomacales. Había días en que vomitaba todo lo que comía. Los episodios duraban un día o algo así, y luego se le pasaba de forma mágica. Este ciclo se prolongó durante años; una vez más, sin diagnóstico médico.

Lo que descubrimos con el tiempo es que Daniel atrae las energías espirituales y, cuando una energía negativa se le adhiere, se pone enfermo, e incluso su vida corre peligro en ocasiones.

Los problemas estomacales de Daniel se prolongaron durante años, pero hubo una vez en que el problema fue excepcionalmente grave. Permanecía en cama, y tenía todo el aspecto de esos niños de los anuncios publicitarios en los que se pide ayuda para un país pobre, de lo delgado y pálido que estaba. Se me rompía el corazón sólo de ver el esfuerzo que tenía que hacer para abrir los ojos y hablar. Llevaba siete días sin comer. Yo le rezaba a Dios y a cualquiera que pudiera oírme para que ayudaran a mi hijo, pero nadie parecía darse por aludido.

Veía cómo mi hijo, de veintitrés años, se moría de inanición, y no había nadie que pudiera hacer nada por ayudarle, mientras yo pensaba que en algún lugar tendría que haber alguien que pudiera hacer algo. Tenía que haberlo. No podíamos quedarnos allí viendo cómo se moría. ¿A quién se podría recurrir, tratándose de entidades y energías negativas?

Telefoneé a Jane, mi mejor amiga, buscando consuelo y, posiblemente, algunas respuestas. Habíamos estado en contacto casi a diario desde que comenzara este viaje espiritual. Jane es muy paciente, y escucha mis preocupaciones, a veces hasta el punto de ponerse a llorar.

Pero, en esta ocasión, tampoco sabía qué responderme. Lo único que me sugirió fue que buscara en las diferentes Iglesias, que quizás en ellas hubiera alguien que pudiera ayudarnos.

La respuesta que recibí de la primera iglesia me desestabilizó.

—¿Energía negativa? Oh no, no trabajamos con nada que proceda del lado «oscuro». No tratamos con nada negativo, ni tampoco con médiums espirituales.

Tras aquella reacción, decidí que no tenía sentido telefonear a ninguna otra de esas Iglesias.

Yo no dejaba de llorar, y me sentía exhausta. Un día, mientras regresaba a casa en coche, me puse a hablar con mi fallecida madre, como había hecho otras muchas veces en los últimos años.

—Por favor, ayúdale –dije–. Por favor, ayúdame. ¿Por qué no hay nadie que pueda ayudarle? No sé qué hacer. Por favor, oriéntame. No dejes que se muera mi hijo.

Así estuve divagando, haciendo exigencias egoístas y pidiendo ayuda en mi desesperación por salvar a mi hijo y preguntándome por qué no llegaban respuestas.

Mientras rezaba desesperadamente a mi madre y a cualquiera que pudiera estar escuchándome, aquella misma noche Jane se ponía delante del ordenador en su casa para buscar asesoría espiritual o médiums psíquicos que pudieran ayudarnos. En un momento dado, se levantó para ir a beber agua, cogió su móvil y, sin querer, le dio un fuerte golpe. Antes de que se diera cuenta, el teléfono, de algún modo, estaba llamando a Marc, un psíquico que había conocido ella por cuestiones laborales casi dieciocho años atrás. Jane ni siquiera habría tenido su número de teléfono si no fuera porque habían restablecido el contacto milagrosamente pocos meses antes, cuando Marc apareció en su trabajo con la esperanza de retomar su amistad.

Pensando que habría sido una «llamada con el trasero» o, simplemente, una llamada accidental al pasar los dedos por la lista de contactos, Jane se quedó atónita cuando se dio cuenta de que estaba llamando a Marc. Intentó colgar antes de que éste respondiera, pero ya era tarde.

—¿Hola? –respondió Marc.

Avergonzada, Jane entabló una corta conversación con él intentando hacerle creer que le había llamado a propósito por no mostrarse descortés. Mientras charlaban, pensó en que había tenido a Daniel, toda la noche en la cabeza para buscar ayuda, y había terminado accidentalmente llamando a Marc. O quizá no había sido un accidente…

Sin saber muy bien por qué, Jane le contó a Marc la situación en la que se encontraba mi hijo y le detalló lo de sus dones espirituales.

Le dijo que la energía negativa le había influido hasta tal punto de no poder comer, y que estaba preocupada.

Se hizo un largo y violento silencio hasta que Marc respondió, cosa que Jane interpretó como que todo lo que le había contado le debía de haber parecido estrafalario.

—Quizá pueda ayudarle –dijo finalmente Marc, mientras Jane respiraba aliviada–. Estoy escuchando a mis espíritus guías –prosiguió Marc hablando bajito– y me dicen que han hecho que nos reencontremos para que yo pueda ayudarle.

Jane le dio mi información de contacto a Marc, y él y yo establecimos un día y una hora para que hablara directamente con Daniel.

Al día siguiente, Daniel se sentía mejor e intentaba ingerir algunas galletas saladas. Se encontraba muy débil, pero al menos comía. Yo estaba convencida de que aquélla era una buena señal que anunciaba que las cosas iban a ir a mejor.

Pocos días después, Marc llamó a Daniel y le asesoró a través del teléfono. Ambos estuvieron hablando de sus respectivos dones espirituales pero, más allá de eso, Marc hizo de mentor de Daniel de un modo que yo jamás habría imaginado. Le enseñó técnicas para mantener a las entidades negativas a distancia de su campo de energía, al tiempo que aceptaba y permitía la entrada de la luz. Durante unos cuantos días, Marc fue el maestro de Daniel en lo que respecta a la gestión de los dones espirituales, y he aquí que Daniel comenzó a recuperarse.

Los médicos no podían explicarse otra recuperación milagrosa más de mi hijo, pero yo sé que fue porque el universo trajo a Marc hasta nosotras para enseñarle a Daniel a controlar sus dones. En la actualidad, cuando Daniel se siente enfermo, dispone de las herramientas necesarias para eliminar las energías negativas a las cuales es tan sensible. Todavía tiene mucho que aprender acerca de este novedoso mundo, pero está feliz y se siente más confiado en sus dones.

Cuando perdí la esperanza, el universo respondió a mis oraciones. Se nos envió a la persona adecuada para ayudar a Daniel, y nos la mandó en el momento oportuno. El universo nos está mandando ayuda y orientación constantemente cada vez que tenemos necesidad de ellas. Aunque buscábamos a alguien que pudiera ayudar a Daniel, en realidad, no fuimos nosotras quienes encontramos a Marc; él simplemente apareció cuando se le necesitaba, y fue la respuesta a nuestras oraciones.

He descubierto que existe una razón para toda persona que se cruza en nuestro sendero. Cuando pedimos, recibimos respuesta, y tú también puedes terminar siendo el milagro de otra persona. La única manera de saberlo es manteniendo abierto el corazón y permitiendo que el universo trabaje y te guíe hacia tu milagroso propósito.

❧ 16 ❧

Conversaciones con Max

Mandy Berlin

Nunca olvidaré el milagroso día de Año Nuevo en que mi querido Max llegó hasta mí –exactamente nueve días después de su muerte–, desplazando para siempre mi agnosticismo y mis creencias previas respecto a la muerte. Me había pasado aquella miserable mañana sumida en el pesar por mi querido y dulce marido, a quien el cáncer se había llevado tan joven, y también sintiendo pena por mí misma. Aunque siempre había sabido que sería duro afrontar la muerte de Max, nunca me había imaginado hasta qué punto lo sería . Mientras me revolcaba aquella mañana en los recuerdos y las imágenes de su funeral, todavía fresco en mi corazón, me impactó escuchar una voz integrada en un inusual zumbido, casi como si emergiera de la parte posterior de mi cerebro.

Sacudida hasta lo más profundo, no pude evitar dejar escapar un grito. ¡Algo o alguien estaba ahí! Apenas podía detectar palabras bajo aquel zumbido surrealista, parecido al sonido del ruido blanco. Intentando recuperar la compostura, me volví hacia aquel sonido.

—¿Qué? –pregunté–. ¿Qué estás diciendo?

Cuando aún no podía descifrar las sílabas, hice acopio de coraje para gritar:

—¡Más alto! ¡No puedo oírte!

Necesitaba saber qué eran aquellas palabras.

Entonces, súbitamente, como una explosión desde el infinito, las palabras «¡… las pilas!» parecieron reverberar en la parte posterior de mi cráneo. La voz masculina de tenor era profunda y la sentía cerca de mi cabeza, si bien el tono era extrañamente agudo. Ésa es la mejor descripción que soy capaz de ofrecer a cualquier persona que no haya experimentado algo tan sumamente extraño. Daba la impresión de que aquellas dos palabras, «las pilas», era la parte final de una frase que no había sido capaz de captar en su totalidad. Y aunque la resonancia era superior a la de cualquier sonido normal que yo hubiera escuchado, seguía teniendo claro que la voz era la de Max.

A pesar de sumirme en la alegría por el hecho de que mi fallecido marido hubiera establecido contacto conmigo, mi agnóstico cerebro de científica se resistía a aceptar la idea de que un ruido blanco pudiera llegar hasta mí desde otra dimensión. Después de haberme dedicado a la estadística durante más de veinte años, sabía que aquello, en realidad, no era un ruido blanco. El ruido blanco no tiene un patrón; sin embargo, aquella comunicación procedía decididamente de algún tipo de entidad capaz de crear un patrón detectable que surgía en la forma de una frase. El singular carácter sibilante de las palabras y la familiaridad general del tono no dejaban lugar a duda en mi mente de que se trataba de Max. O de su alma. O algo parecido.

Me puse en pie de un salto y me erguí como para indicar mi disposición a la recepción de señales. Temblando, me volví en la dirección de donde procedía la voz y pregunté:

—¿Las pilas? ¿Qué estás intentando decirme, Max?

Al no recibir respuesta me sumí en el pánico, temiendo que el momento hubiera pasado y me hubiera perdido el mensaje.

—¡Eh, no lo he captado! –grité lo más fuerte que pude–. ¡Dime algo más! ¡Quiero saber!

¡Y entonces volví a escuchar la voz! Justo en la parte posterior de mi cabeza, entre la nuca y el oído derecho: «¡Que te pongas las pilas, compañera!».

Me sentí como si me fuera a dar un shock. Me dejé caer de nuevo en el sillón por miedo a desmayarme. Respirando profundamente, hice todo lo que pude para recomponerme y salir del estado de indefensión en el que había estado postrada los últimos días. Fuera lo que fuera que estuviera sucediendo, lo único que sabía era que no quería perdérmelo. Me froté la nuca y la cabeza hasta que me sentí más en contacto con el suelo, y luego me volví para ponerme de pie. Pero, antes de que levantara el trasero del sillón, escuché a Max de nuevo en mi oído. «¡Eh, Luv, lo pillaste! ¿Hmmm?».

En el mismo instante, apareció a mi derecha algo similar a una neblina iridiscente blanca. Era un haz de luz brillante, largo y muy fino, como si estuviera atravesando un agujero infinitesimalmente pequeño. Una vez lo atravesó, se expandió, allí, en mi salón, cambiando en apariencia de forma para adaptarse a mi mundo tridimensional. Me habría sentido aterrorizada si no hubiera sido por la familiaridad de la imagen que formó: el perfil de Max.

Hasta el día de hoy, sigo sin saber si mis ojos estaban abiertos o cerrados cuando capté aquel vislumbre del espectacular espíritu de Max. Creo que los tenía abiertos, pero era como observar un holograma acampanado. ¿En verdad, estaba viendo su presencia, o se me estaba transmitiendo de algún modo su imagen, directamente hasta la mente desde algún otro punto? Entonces, no lo pude saber y ahora tampoco lo sé.

Desde aquel día, de lo único que estoy segura es de que Max me habló desde el otro lado, reprendiéndome con cariño por mi desolación, y entregándome un inspirador mensaje en su descarado estilo inglés. Oí su voz, y vi también su rostro.

En concreto, fue su voz lo que pocos meses después, durante una solitaria noche, más echaba en falta. La oración se había convertido en una práctica habitual para mí desde la experiencia vivida en el salón, de manera que aquella noche recé con toda mi alma para poder volver a oír la voz de Max.

Al día siguiente, encendí el televisor e intenté cambiar de canal, pero no ocurrió nada. Di por supuesto que el mando a distancia precisaba de pilas nuevas y me dirigí al garaje para ver qué podía encontrar. Las pilas eran unas de esas cosas de las que se ocupaba siempre Max, de modo que me tocó investigar un poco para descubrir dónde había guardado las pilas nuevas. Al final las descubrí en el aparador, un paquete entero de pilas doble A.

No había tenido motivo alguno para abrir el aparador durante mucho tiempo, tanto que se me había olvidado que estaba allí. Cogí el paquete de pilas y saqué las que necesitaba; pero, mientras devolvía al aparador el resto, algo me llamó la atención. ¡Era una grabadora de mano personal que Max siempre llevaba en el bolsillo! Sonreí al acordarme de lo mucho que le gustaba grabar notas de sus proyectos y demás ideas en los ratos muertos que pasaba en medio del tráfico. Max consideraba que ésa era la forma perfecta de sacar el máximo partido a aquellas horas que, de otro modo, se desperdiciaban.

Saqué el aparato de entre los numerosos cachivaches que había allí, y me sorprendí al descubrir en su interior una cinta. Me llevé el reproductor a la cocina, lo puse encima del mármol, subí el volumen al máximo y pulsé el Play. No se oía nada. Nada. Pensé que quizás estaba «leyendo» los últimos centímetros de la cinta, de modo que la rebobiné hasta el principio y pulsé Play de nuevo.

Y entonces lo oí. Como una niña pequeña que acaba de abrir su regalo de Navidad, di un salto de alegría.

—¡Es Max! –exclamé, dejándome absorber por tan familiar sonido.

Me enjugué una lágrima, maravillada por lo bien que aquella pequeña cinta magnética había preservado el tono y el carácter de Max. La grabación era de muchos años atrás, pero me quedé allí sentada, escuchando como si Max estuviera a mi lado hablándome, derramando cuanto albergaba su brillante cabeza. Boquiabierta, como siempre, por las fascinantes ideas y planteamientos de mi marido, me resultó imposible controlar las lágrimas, de modo que las dejé correr.

Siempre me había fascinado la naturaleza y la profundidad de las ideas de Max. Solía desarrollar pensamientos novedosos, y le gustaba poner en cuestión ideas preconcebidas y socialmente establecidas. Pillaba siempre a los demás con la guardia baja; de hecho, a mí me ponía a prueba y, en ocasiones, incluso me incitaba a rebelarme. Tuvimos muchos debates acalorados (y sin embargo divertidos y provocadores). Hasta el día de hoy sigo creyendo que uno de los principales propósitos de Max aquí en la tierra era el de poner a prueba a la gente, abrirle los ojos. Quienquiera que se sentara a la mesa con Max se iba a casa digiriendo algo más que comida; quizás una nueva idea, un nuevo sentimiento, un nuevo atisbo o, posiblemente, una realidad del todo diferente que ponderar. En verdad, puedo decir que nunca nadie se levantó de nuestra mesa indiferente.

Incluso después de su muerte, encontró la manera de abrirme los ojos con el tema de la otra vida. Y aquí estaba de nuevo, cuestionando mi visión del mundo con sus expansivas perspectivas. Cuando terminó la grabación, saqué la cinta y le dije a Max que la guardaría para siempre. Incluso hice copias para los amigos. Busqué un rotulador y escribí estas palabras a través de la línea de título, que seguía vacía: «Sobre el arte y la vida: La filosofía de Max Blau».

—¡Eh, chico! Espero que no te importe que le haya puesto título a tu cinta.

Max nunca le puso título a ninguna de sus obras, a menos que se lo pidiera quien le empleaba. Despotricaba de casi todo tipo de títulos, etiquetas y limitaciones, del mismo modo que desdeñaba el hecho de que se etiquetara a la gente. Incluso mostraba su desagrado ante todo tipo de frontera o límites en torno a las obras de arte. Max era mi héroe.

Cuando los últimos rayos del sol se reflejaron en las campanas tubulares del patio y en la alfombra del salón, me senté con las piernas cruzadas en el suelo y me puse una y otra vez la cinta de Max. Me relajaba escuchar su serena voz y sus sorprendentes ideas. Me limpié la costra salina de la cara con la arrugada manga y, mientras oscurecía, me di cuenta de la enormidad de lo ocurrido.

—¡Oh, Dios mío! —exclamé con los brazos extendidos al techo—. ¿Cómo es que no me he dado cuenta? Anoche recé por escuchar de nuevo la voz de Max, ¡y en menos de veinticuatro horas mi oración ha recibido respuesta!

❧ 17 ❧

Un «accidente» divinamente orquestado

Karen Hasselo

Ocurrió en la primavera de 1971. Vista desde fuera, mi vida parecía tan perfecta como nuestro césped, bellamente cuidado. Cursaba el penúltimo año de instituto, estudiaba geometría y biología, destacaba tocando el clarinete en la banda y vivía en un vecindario seguro y acomodado. Sin embargo, dentro de mi casa, llena de alfombras persas y de exquisitas antigüedades, los cuatro miembros de la familia llevábamos una vida completamente aparte unos de otros.

Mi padres eran personas intelectualmente dotadas y con unos elevados principios éticos. No obstante, no habían conseguido encajar ni emocional ni temperamentalmente en ningún momento de su relación. Hacia 1971, ya rara vez perdían el tiempo en disputas, pues habían metamorfoseado su conflicto en una especie de guerra silenciosa.

Mis progenitores habían estado desde el punto de vista emocional ausentes durante gran parte de mi vida, debido a los problemas a que tuvieron que hacer frente en propia infancia. Pero tal ausencia se agravaría más adelante por la creciente adicción de mi padre al alcohol. Y, debido a que me veía a mí misma como una carga para las personas que debían ocuparse de mí, opté por buscar mis propias estrategias para sublimar el dolor.

Como primeros auxilios emocionales decidí pasar poco tiempo en mi hogar y sumergirme en actividades extracurriculares. El año anterior, mis padres me habían regalado un poni galés pura sangre, de color gris moteado. Yo encontraba placer en mi relación con los caballos y había tomado la determinación de dominar el arte de la hípica, a pesar del hecho de que mi instructora maltrataba a sus alumnas. Mi madre se pasaba muchas horas en el establo, como empleada. Sin embargo, prefería mirar en otra dirección cuando la instructora me sometía a sus ataques de furia. Basándome en mis experiencias previas con los adultos, terminé por desarrollar una visión cínica de la vida y cierta desconfianza autoprotectora frente a las figuras de autoridad.

Tras una ruptura inexplicable, mi grupo de referencia en el instituto me marginó, de modo que a la tierna edad de catorce años yo ya me había desilusionado con la cantidad de esfuerzo que se requería para conseguir un mínimo de apoyo emocional, tanto por parte de los adultos como de mis propios padres. Cada vez me resultaba más difícil hacer acopio de los recursos internos necesarios para cumplir con el papel de alumna destacada, perfeccionista, escaladora social de penúltimo curso de instituto y adicta al trabajo. No conocía ninguna otra forma de navegar por la vida que como una depresiva funcional.

Durante mis momentos callados e introspectivos, le formulaba a Dios muchas de las grandes preguntas sobre la existencia, sin recibir ninguna respuesta que yo hubiera podido considerar como definitiva. Recé buscando alivio, algún tipo de señal que validara que en la vida había algo más que tener que pasar por el aro que te ponían todos los demás. No tenía sensación alguna de pertenencia al grupo de personas significativas de mi vida, ni era capaz de ver una disposición lógica que me permitiera entender cómo funcionan e interactúan las piezas del universo. La vida se me antojaba caótica y arbitraria. Me sentía muy sola en mis forcejeos mentales, y respondía a mis crisis existenciales manteniéndome ocupada, con una agenda sobrecargada, sin quitarme mi máscara social y, en la medida de lo posible, impidiendo que mi desesperación se filtrara de algún modo imprevisto.

Me pasaba la mayor parte de los sábados en los establos, como mi madre, puesto que su trabajo consistía en instruir a alumnas de hípica principiantes. Durante seis años, sin excepción, yo ocupaba el asiento delantero del coche cuando íbamos a los establos; pero, durante los últimos seis meses, había otras dos alumnas principiantes que nos acompañaban en los viajes. A ninguna de ellas las consideraba amigas mías, tan sólo pasajeras de nuestro que vivían cerca de casa.

Una mañana de primavera me vi relegada al asiento trasero de nuestro coche. La semana anterior, Jane, una de las alumnas más jóvenes de mi madre, se había empeñado en usurpar mi sitio en la parte delantera, y mi madre le había prometido que haría de copiloto al siguiente sábado. Me senté detrás de mi madre, y Verónica se sentó a mi lado, detrás del asiento del copiloto, mientras esperábamos a que llegara Jane. Después de esperar un tiempo razonable, Jane seguía sin aparecer. Aquello no era normal, pues Jane no había faltado nunca y siempre era muy puntual. Sin embargo, su ausencia me proporcionó la excusa que buscaba para intentar recuperar mi lugar en el asiento delantero. Pero mi madre se mostró firme en que me quedara donde estaba, dado que ahora tenía prisa porque íbamos a llegar tarde.

Yo no estaba acostumbrada a discutir con mi madre sobre nada, puesto que había aprendido con los años que aquello no me reportaba beneficio alguno. Pero, por alguna razón inexplicable, insistí en sentarme delante, argumentando que eso no nos haría perder ni siquiera un minuto. Al echar la vista atrás, me doy cuenta de que mi necesidad por sentarme delante no era más que un débil intento por ejercer cierto control sobre un universo que yo creía que me discriminaba. Mi madre se alteró mucho con mi comportamiento, y de inmediato fui consciente de que, si insistía en mi empeño, las cosas podían acabar mal. Pero, de repente, algo más me detuvo, puesto que una voz contundente y resuelta dentro de mi cabeza me ordenó que no me moviera: «Te vas a quedar exactamente donde estás. ¿Entendido? No te moverás de ese asiento».

La voz sonó exactamente como mi propia voz; y, sin embargo, captó mi atención de un modo tan potente e imperioso que parecía proceder de una fuente exterior a mí. Sin tener que hacer ningún esfuerzo, mi irritación se desvaneció de inmediato, y obedecí sin reservas.. Se me antojó crucial tomar nota de lo sucedido y cumplir fielmente con la indicación dada. Pero, al mismo tiempo, y de forma sorprendente, no sentí ningún resquemor. Mi mente permanecía en paz. Un instante después, mi madre dio marcha atrás para salir del garaje y partimos.

Yo había recorrido cientos de veces aquella carretera rural. Sin embargo, en aquel atípico día, me vi arrancada bruscamente de mi complacencia cuando escuché a mi madre decir, con un grito de pánico:

—¡Oh, Dios mío! Tengo que…

Cuando el coche comenzó a patinar hacia la izquierda, mi sistema sensorial se vio abrumado por un insufrible chirrido de neumáticos, que forcejeaban por agarrarse al pavimento. Fue como si el tiempo se ralentizara y se acelerara al unísono. La adrenalina fluyó por mi organismo, mientras me protegía del inminente impacto. Nuestro sólido Buick LeSabre de ocho cilindros chocó con un Cadillac negro, conducido por una niñera que llevaba a sus cuatro niños al cargo de vuelta a casa. La joven había cruzado la señal de stop sin detenerse, y su coche chocó con el nuestro . Saltaron cristales por todas partes y pequeños fragmentos impactaron en mi cara. El dispositivo para abrir la puerta del garaje, que estaba sujeto al visor del lado del conductor, salió volando como un misil y me golpeó en la frente. Traté de controlarme mientras procesaba lo que observaba. La puerta del copiloto, completamente destrozada, se había desprendido como un acordeón desinflado y ahora descansaba contra el hombro de mi madre, aplastando su bolso. Nuestro coche quedó del todo inservible. De hecho, acabó en el desguace.

Al comprobar que no tenía lesiones de gravedad, me las apañé como pude para salir por la puerta de mi lado. Verónica también consiguió salir por mi puerta, y vimos que sólo tenía unos cuantos fragmentos de vidrio incrustados en la piel. Sorprendentemente, ningún ocupante de los dos automóviles había resultado herido de gravedad. Pero es que, además, dos vidas se habían salvado: la de Jane y la mía. No cabe la menor duda de que cualquier persona que hubiera ido en el asiento del copiloto habría muerto en el impacto. Me pregunté a mí misma: ¿qué fuerzas habían conspirado para que Jane no llegara a su cita con aquel asiento delantero? Por otra parte, ¿qué deliberadas fuerzas habían garantizado mi supervivencia? ¿Qué serie exacta de intercambios segundo a segundo tuvo que darse para que el punto exacto del impacto diera como resultado la preservación de ocho vidas prometedoras? ¿Qué es lo que yo tenía que comprender como consecuencia de aquella experiencia?

Los cielos no se abrieron en ningún momento para mostrar a una hueste de ángeles celestiales cantando, ni mi depresión se desvaneció de forma espontánea. La vida no es, necesariamente, tan sencilla. Yo todavía tenía que resolver mis lecciones kármicas, todavía tenía que rumiar mis reflexiones cósmicas. En 1971 me sentía despojada porque era incapaz de discernir con claridad las respuestas de Dios en el marco temporal que mi ego exigía.

Pero, a pesar de tal circunstancia, mis oraciones terminarían recibiendo respuesta. Mis ángeles intervinieron, de hecho, para mantenerme en este mundo. Aquel día, una semilla sagrada se plantó en un rico suelo. Comencé a aceptar provisionalmente que mi vida, de hecho, importaba; que todas las vidas son milagrosas y que cada persona está en este mundo para encarnar un propósito superior. Empecé poco a poco a considerar la posibilidad de que el tejido de mi existencia pudiera consistir en un plan divino magníficamente orquestado que era más grande que mis perpetuos empeños adolescentes.

Todas las experiencias de mi juventud, incluso el llamado «accidente de primavera», me prepararon de una manera especial para lo que sería después mi sendero vital. Cada uno de los desafíos y dones recibidos crearon el caldo de cultivo espiritual ideal para darme forma y fortalecerme de cara a una vida de servicio. A partir de mi «accidente», descubrí que la vida era milagrosa en multitud de niveles. Empecé a darme cuenta de que todo trabajaba con todo, en todo momento, para nuestro bien. Este principio está en funcionamiento siempre, aunque quizá no poseamos la previsión o la perspicacia para comprender nuestro plan de acción divinamente orquestado. Como seres espirituales que somos viviendo una experiencia humana, disponemos del potencial para adoptar una perspectiva superior arraigada en el amor, pues sabemos que lo Divino se comunica y que los milagros se dan en todos y cada uno de los días.

18

El mensaje de un padre

Vicki Higgins

Después de haber desarrollado un enfoque empresarial centrado en el éxito y de cambiar posteriormente a una vida más espiritual y con sentido, me conecté con mi guía interno y comencé a crear el éxito desde el interior. El crecimiento espiritual se convirtió para mí en una prioridad.

Un día me eché en la cama con la intención de realizar una meditación guiada. Puse en marcha la grabación de la meditación y comencé a hacer las respiraciones que se sugerían. Pero, curiosamente, mientras respiraba, sentía que la energía se movía a mi alrededor. Era como si un gato se hubiera subido a la cama y estuviera empujando la manta cerca de mis piernas, intentando llamar mi atención.

«¡Eh, ven a jugar! ¡Eh, ven a jugar!», parecía decir aquella energía.

Yo había tenido algunas experiencias asombrosas, pero ésta era algo del todo nueva. Había algo energético que me empujaba la pierna, de modo que me incorporé y eché un vistazo alrededor. Mi gata estaba en su «casa» para gatos, durmiendo profundamente, de modo que no era ella la que me estaba dando empujones.

«¡Vaya! Esto es realmente interesante», me dije a mí misma.

No vi nada, de modo que me recosté de nuevo y continué con la meditación.

Pero la sensación de aquella energía que empujaba en mi pierna se fue intensificando, hasta que finalmente hice una respiración de limpieza y pronuncié una breve oración:

—Si hay alguna energía en mi habitación que no deba estar aquí o que no sea para mi bien, por favor, que se vaya. Si es para mi bien, o si es una energía que realmente necesita comunicarse conmigo, entonces puedes quedarte. Lo que ocurre es que no sé cómo comunicarme contigo.

Cuando la sensación de aquella energía cesó, detuve la meditación y decidí ponerme en contacto con mi hermana. Ella llevaba más tiempo que yo en el sendero espiritual y su capacidad para comunicarse con el Espíritu era mejor que la mía. Con mi hermana al altavoz, le recordé haberle oído hablar alguna vez de una forma de comunicarse con el Espíritu utilizando un péndulo, y resulta que yo tenía uno que había sobrado de una clase espiritual a la que había asistido algún tiempo atrás.

Haciendo oscilar el péndulo delante de mí, ambas dijimos a la vez:

—De acuerdo, espíritu, es evidente que puedes mover la energía. Puedes tocarme y yo puedo sentirte. Quizá puedas mover también este péndulo. Practicaremos. Indícanos lo que es un sí para ti.

Tardó alrededor de un minuto, pero al final el péndulo comenzó a oscilar de izquierda a derecha. A continuación, dijimos:

—De acuerdo, si eso es un sí, ¿qué debemos entender por un no?

El péndulo se detuvo y comenzó a moverse verticalmente, adelante y atrás.

—De acuerdo —supusimos—, si el movimiento horizontal es sí y el vertical es no, eso significa que nos podemos comunicar contigo.

Dado que mi hermana tiene más experiencia que yo en este tipo de comunicaciones, fue ella la que formuló las siguientes preguntas en nombre de las dos.

—¿Has estado en la tierra?

El péndulo se movió horizontalmente para indicar que sí.

—¿Has fallecido?

Movimiento horizontal: sí.

—¿Has estado en la luz?

De nuevo, sí.

—Bien, has intentado captar la atención de Vicki, de modo que tiene que haber una razón para ello, ¿no?

Sí.

—¿Conoces a Vicki?

Sí.

—¿Se trata de un mensaje para ella?

Movimiento vertical: no.

—¿Es un mensaje para alguien que ella conoce?

Sí.

A medida que la comunicación se prolongaba, mi hermana sintonizó con el Espíritu y las palabras comenzaron a llegarle directamente. Después de poner un poco de orden en las ideas, me preguntó finalmente:

—¿Has tenido un preparador de *fitness* que haya fallecido? Te conoce.

—¡Oh, Dios mío, sí! –exclamé.

—Su nombre es David o Dahv-iid o algo parecido? –me preguntó.

—Sí. ¡Oh, Dios mío, es David? Significó mucho para mí hace unos cuantos años, en la época en que trabajaba en Los Ángeles.

Cuando yo aún me dedicaba a los negocios, me diagnosticaron un lupus, junto con una enorme cantidad de estrés que estaba acumulando en mi trabajo. Mantuve una dura pugna con la idea de que tenía una enfermedad terminal, y me debatí para encontrar una forma de hacerle frente.

David fue una de las cuatro personas en todo el mundo a quienes se lo dije, y en todo momento mantuvo una actitud útil, alentadora y positiva. Me ayudó a diseñar sendos planes de *fitness* y de nutrición, pero también me ayudó a aprender a controlar mis pensamientos. Me enseñó nuevas formas de meditar, y me hizo ver que mi mente podía controlar mi salud.

Nos pusimos a trabajar juntos en diversas meditaciones y en el poder del pensamiento para transformar mi salud desde el interior. Un par de semanas después, los médicos volvieron a hacerme pruebas y me dijeron que lo del lupus había sido un error de diagnóstico. A partir de aquel momento se me categorizó como una paciente con síndrome de fatiga crónica. David incluso me ayudó a superar aquello y recuperar el bienestar físico y espiritual en mi vida. Me recuperé por completo y, ahora, dispongo de una sorprendente vitalidad, gracias a esa hermosa experiencia.

Yo siempre le decía a David, «Caray, fuiste como un ángel para mí. Me ayudaste a no desmoronarme en un momento realmente difícil y vulnerable en mi vida».

Lamentablemente, perdí el contacto con él cuando abandoné mi empleo en aquella empresa, me mudé y adopté una forma de vida más espiritual. Posteriormente, me enteré de que había fallecido en un accidente de moto. Me quedé desolada, porque tenía la sensación de que no le había agradecido lo suficiente todo lo que había hecho por mí. Al enterarme de que David estaba allí, conmigo, en mi habitación, comunicándose a través de mi hermana, supe instintivamente que él necesitaba decirme algo importante. Mientras mi hermana seguía haciéndole preguntas, recibió el color azul a través de su comunicación y preguntó:

—¿Qué es el azul?

Entonces percibió una imagen mental de la esposa de David en un evento, quien vestía alguna prenda de color azul, si bien no pudo discernir si se trataba de un fular, una camisa o cualquier otra cosa. David dijo que había estado con ella en aquel momento, cuando llevaba aquella prenda azul.

Él también nos transmitió que su penúltima hija, Ann, lo estaba pasando mal debido a su ausencia, y quería que le entregáramos un mensaje a su mujer para Ann, con el fin de que la niña supiera que su padre aún estaba energéticamente con ella, aunque ya no dispusiera de un cuerpo físico. Quería que ambas supieran que la energía no muere, sobre todo el amor. El amor es energía, y el amor es para siempre.

También nos pidió que le transmitiéramos a Ann que estaría bien que hablara con su padre y que jugara y mantuviera la relación con él. Nos pidió que les dijéramos a todos sus hijos que permanecía junto a ellos, y a su mujer, que seguía a su lado y que la ayudaría en su sendero.

Tomé nota de todo y le prometí que me pondría en contacto con su esposa para transmitirle el mensaje.

No creo que haga falta decir que ésta no es mi línea de trabajo. Yo imparto conferencias, soy escritora y asesora; no soy una psíquica. Sí, había estado trabajando en mi propio crecimiento espiritual, pero aquella hermosa y singular experiencia sobrepasaba mis expectativas, también me preocupaba un poco lo que pudiera decir la esposa de David cuando me pusiera en contacto con ella. Sólo la había visto unas cuantas veces, una había sido en el funeral de David, de ahí que temiera que pudiera rechazar mis palabras pensando que estaba loca. Pero yo le había prometido a David que transmitiría sus mensajes, de modo que contacté con su mujer a través de Facebook para concretar una cita.

Cuando llegó el día, le conté a Judy todo lo que me había pasado, desde los empujes de energía hasta los mensajes que David había transmitido a través de mi hermana, al tiempo que me mantenía vigilante ante cualquier reacción negativa por su parte.

—¿Has estado en algún acontecimiento hace poco? –le pregunté–. ¿Qué color predominaba en tu ropa?

—Bueno, sí –dijo ella–. Estuve en un concierto, y llevaba un fular azul.

Casualmente, guardaba una fotografía suya de aquel concierto en el móvil. Se veía una energía brillante blanca alrededor de su cabeza y reposando sobre sus hombros, como si fuesen unos brazos que la rodearan. La fotografía era asombrosa.

—¡Oh, Dios mío! –exclamamos ambas–. ¡Está claro que es David! Esto es una locura…

Después le pregunté por los niños, dado que David había mencionado que Ann lo estaba pasando mal, y Judy me confirmó que la muerte de su padre estaba siendo especialmente dura para Ann.

Le dije que lamentaba oír aquello, pero que tenía un mensaje para los niños, y para Ann en particular.

—Él quería que les dijeses, sobre todo a Ann, que está bien que hablen con él –dije–. Añadió que es bueno que Ann le eché de menos, que juegue con él, y que esté contenta por el hecho de que él permanezca a su alrededor, y que la ayudará en su camino.

Judy se puso a llorar mientras hablábamos de la vida de David y de sus mensajes para su familia desde el más allá. Una profunda conexión de gratitud se creó entre nosotras y con el Espíritu… y con David. Estoy convencida de que escuchaba nuestra conversación con agradecimiento y con amor.

Esta experiencia fue una confirmación para mí de que, aunque una persona fallezca, su energía sigue estando a nuestra disposición. La muerte física no significa que nuestros seres queridos se vayan para siempre, sino que han adoptado una forma diferente. Están aquí, con nosotras, energéticamente, para ayudarnos en nuestro sendero, para traernos amor y orientarnos, y para ofrecernos pensamientos y mensajes inspiradores.

Su amor es eterno; lo único que tenemos que hacer es abrirnos a la oportunidad de continuar nuestra relación con ellos de una manera diferente.

❧ 19 ❧

Un mensaje en el espejo

Laurel Geise

Durante todo el tiempo que transcurrió desde que Bob y yo éramos compañeros de trabajo hasta convertirnos en pareja en el amor y en la vida, él me escribía mensajes de amor en notas de pósit y me las escondía en mi escritorio. Bob debía de saber que, encontrarme inesperadamente con un pósit con su distintiva versión de un corazón y las palabras «Te amo» escritas encima, supondría para mí cierto alivio en medio de una laboriosa jornada de trabajo. Nada me generaba más esa extraña sensación de mariposas en el estómago que encontrarme una de esas notas de amor u oler su colonia (Obsession, de Calvin Klein), pues sabía que eso significaba que él estaba cerca.

No me llevó mucho tiempo discernir que Bob era el amor de mi vida, y no tardamos tampoco mucho en deambular en medio de la noche entre risas, haciendo planes para escaparnos a Las Vegas. Finalmente, decidimos que el Día de San Valentín sería la fecha idónea para comenzar a disfrutar de cada instante de nuestro compromiso. Aquel fin de semana del 4 de Julio, Día de la Independencia, conseguimos entradas para ver un concierto de la banda favorita de Bob, The Eagles. Pero, mientras nos vestíamos para la fiesta previa al concierto, Bob me dijo que no se encontraba bien. Le di una aspirina y le sugerí que se echara un rato, esperando que se le pasaría y que después podríamos disfrutar del concierto.

Pero el malestar no se le pasó. Cuando al salir del dormitorio se echó la mano al pecho, una ola de terror me atenazó: ¡Bob estaba sufriendo un ataque cardíaco! Lo metí rápidamente en el coche y salí disparada hacia el hospital, donde desapareció entre el equipo médico durante varias horas angustiosas. Al final, el médico salió para decirme que Bob había sobrevivido. Recostada en la habitación del hospital con él aquella noche, observé los fuegos artificiales a través de la ventana, profundamente agradecida. Lágrimas silenciosas caían por mis mejillas, mientras le escuchaba respirar y juraba que valoraría cada momento que pasáramos juntos durante el resto de nuestra vida.

A la mañana siguiente, cuando el médico realizó su ronda, nos dijo que tenía una buena y una mala noticia. La buena era que Bob había sobrevivido al ataque con daños mínimos en el corazón. La mala era que habían encontrado un tumor grande en el pulmón derecho, y que probablemente era cáncer. Las pruebas que le hicieron después demostrarían que era un tumor maligno, y el médico nos dijo que a Bob le quedaban alrededor de seis meses de vida.

Durante los agotadores meses que siguieron, el cáncer continuó difundiéndose, a pesar de que lo intentamos todo, con todo tipo de tratamientos. Decidida a que la enfermedad de Bob no interfiriera en nuestro sueño de casarnos en Las Vegas, empecé a hacer los preparativos para el viaje. El Día de San Valentín se aproximaba, y yo sabía que era ahora o nunca.

El día antes de nuestro vuelo, Bob tuvo una recaída, y no tuvimos otra opción que ingresarlo en el hospital. Sin embargo, en esta ocasión, ya no saldría de allí. Pasamos juntos los últimos días, jurándonos amor eterno. Lloramos, reímos y nos abrazamos como si nunca nos fuéramos a separar. Estaba abrazada fuertemente a él en la mañana en que exhaló su último aliento. Jamás olvidaré el silencio que siguió a aquella exhalación. Me puse a temblar de forma incontrolada, mientras se agitaban en mi interior emociones que ni siquiera reconocía como mías. Le grité a Dios con toda mi alma. Estaba consumida de dolor, y me sentía terriblemente sola.

Tenía un funeral que organizar, y Bob me había dado instrucciones. Él quería que su funeral fuera una celebración de su vida, y me hizo prometerle que pondría unas canciones muy concretas de The Eagles durante el servicio religioso. Lo organicé todo tal como él lo había imaginado, hasta la camisa hawaiana que llevaba y las gafas de sol en el bolsillo del pecho. En lo único que le fallé aquel día fue en su petición de que yo celebrara su vida en lugar de llorar mi pérdida. Estaba tan profundamente sumida en mi depresión que me resultaba imposible esbozar en mi rostro algún signo que pudiera parecer que estábamos celebrando algo.

Me sentía indescifrablemente sola. Le añoraba. Echaba de menos sobre todo los momentos que pasábamos tumbados en el sofá de la sala de estar, cuando me envolvía entre sus brazos. Y entonces ocurrió. Fue en mitad de la noche. En mi insomnio, me había echado en aquel sofá, pensando en él, extrañándole. Y, de pronto… Bob estaba allí. Sentí la solidez de sus brazos en torno a mí, mientras me estrechaba contra él. Cada célula de mi cuerpo se impregnó de su amor. Mis huesos se estremecieron mientras me fundía en su hermosa energía. Aunque aquellos instantes fueron fugaces, me parecieron indescriptiblemente íntimos, y los sentí como si hubieran durado una eternidad.

Aquella experiencia me sacudió el alma hasta lo más profundo. No sabía exactamente qué había sucedido; sólo sabía que me había sentido intensa e incondicionalmente amada y conectada con Bob. Aquel abrazo desde más allá de este mundo cambió del todo mis creencias acerca de la vida después de la muerte. Tal vez había algo en esa otra vida de la que yo hubiera oído hablar, y quizá Bob estaba aún conmigo. En la época de aquel primer milagro, poco podía yo imaginar que mi currículum acerca de la verdadera naturaleza energética del amor apenas acababa de empezar.

Durante el segundo año de mi depresión, decidí hacer algunos cambios en mi anillo de compromiso. No podía soportar la idea de quitármelo tras la muerte de Bob; y, naturalmente, cuando las personas que no me conocían veían un anillo de compromiso en mi dedo, me hacían preguntas sobre mi prometido. Tener que explicarles que había fallecido hacía que las conversaciones terminaran abrupta o torpemente, y pensé que quizá si recolocaba la piedra podría evitar tan incómodas interacciones. Incluso albergué la esperanza de que quizás aquello me ayudara a disolver la nube de tristeza que me seguía allá donde iba.

Un día, a última hora de la tarde, me detuve en una joyería para ver si me podían hacer aquellos cambios en el anillo. Era la única cliente en la tienda, de modo que la dependienta me atendió de inmediato. Me puse a explicarle el tipo de cambios que quería hacer, al tiempo que le mostraba el anillo que Bob me había regalado. Entonces, de repente, me detuve. Una intensa fragancia inundó el establecimiento. La expresión del rostro de la dependienta me dejó claro que ella también la había percibido.

—¿Huele usted esa colonia de hombre? –me preguntó.

Las dos miramos a nuestro alrededor en la tienda, confusas, dado que, obviamente, éramos las únicas personas que había allí.

Entonces reconocí la fragancia: Obsession, de Calvin Klein. Me eché a reír cuando sentí que el amor de Bob me envolvía. ¡Estaba allí! Le había gustado mi idea para el anillo. Entre lágrimas, intenté explicarle a la desconcertada dependienta lo que estaba ocurriendo, pero ella me miró como si yo tuviera dos cabezas. Sin embargo, su cara de asombro hizo que me diera aún más risa. Era el segundo milagro que venía a decirme que el amor existe más allá de la muerte.

Pasaron otros dos años, y todo el mundo hacía planes para celebrar la llegada del nuevo milenio. Me invitaron a pasar la Nochevieja con el Dr. Deepak Chopra y mis compañeros instructores de meditación en Palm Springs, California. Deepak me había enseñado a meditar y me había certificado como instructora. La práctica diaria de la meditación me había resultado de gran ayuda en mi sanación física, emocional y espiritual, y ciertamente me apetecía estar rodeada de aquellos amigos cuando el reloj marcara el inicio del año 2000.

Cuando llegué al desierto me asaltó de inmediato una abrumadora sensación de soledad. Sintiéndome del todo fuera de lugar, no veía más que parejas registrándose en el hotel. Todo el mundo parecía muy feliz, y anticipaban entusiasmados lo que estaba por venir. Quizás es que yo no me encontraba para celebraciones. Quizás había cometido un error yendo. Abrí la puerta de mi hermosa habitación en el hotel e intenté centrarme en la apasionante noche que me esperaba, rodeada de cariñosas amigas y amigos.

Pero los recuerdos de mi vida con Bob emergieron de pronto desde lo más profundo de mi interior. Me acordaba de nuestras risas y de la increíble conexión que inundaba mi corazón, mientras las lágrimas corrían por mis mejillas. Imaginaba cómo habría sido esa celebración de Nochevieja con él. A Bob le encantaba bailar, y era siempre el animador de las fiestas.

Le dije que le amaba, como tantas veces hacía.

Al cabo de un rato, pude recomponerme al fin, respirar profundamente y dejar de llorar. Había cruzado el país, desde Florida hasta California, para acudir a esa fiesta. No me iba a quedar en la habitación del hotel, encerrada en el pasado, mientras todo el mundo abajo ponía su esterilla de bienvenida al futuro. Entonces, algo me dijo que una buena ducha, una larga ducha, sería clave para recomponerme.

Abrí el grifo y le di al máximo al agua caliente. Allí de pie, entre el agua y el vapor, me di a mí misma una charla motivadora. Permanecí durante bastante tiempo bajo la cálida corriente, rezando para que se desprendiera de mí la suficiente tristeza como para poder pasar la noche. Al final, cerré el grifo y abrí la cortina de la ducha; y, al mirar al espejo del baño, un escalofrío me recorrió el cuerpo. Había visto algo extraño a través del vapor. Alguien había escrito un mensaje en el espejo.

El vapor se disipó lentamente, hasta que pude ver con claridad lo que había escrito entre las gotas condensadas: las palabras «Te amo» aparecían encima de un corazón. E, inequívocamente, era la letra de Bob y su peculiar forma de dibujar un corazón. Había visto demasiadas veces aquel mismo mensaje en las notas de pósit como para no reconocerlo ahora, como para no reconocer lo que siempre había sido una expresión de amor eterno del hombre al que yo adoraba.

Me quedé paralizada, con una mezcla de temor, amor y magia que, literalmente, me cortó la respiración. Bob me había oído profesar mi amor por él unos minutos antes, y ahora quería que yo supiera que también me amaba, que nuestro amor era eterno. Finalmente, pensé: «Nadie se va a creer esto»; y, en ese mismo instante, supe que eso no tenía importancia.

El corazón me golpeaba el pecho con tanta fuerza que remecía todo mi cuerpo. Pronuncié una oración de gratitud mientras lloraba. Allí de pie, en aquel instante intemporal del tercer milagro, me sentí inundada por una energía amorosa tan poderosa que pensé que tendría un colapso. Supe que cada uno de aquellos milagros se habían diseñado para mostrarme que un alma gemela jamás te abandona. Tan sólo te acompaña a lo largo del tiempo, siempre permanece en conexión contigo. Bob estaba conmigo.

Me vestí, me arreglé y me fui a la fiesta, y brindé con champán por nuestro amor. Recibí al nuevo milenio, sabiendo en lo más profundo de mi corazón que tenía por delante toda una vida de milagros.

❧ 20 ☙

La Torre Eiffel dorada

Dra. Christie Melonson

Recuerdo haber tenido sueños vívidos y llenos de colores desde que era niña. Eran más sueños de acción que películas, y en ocasiones incluso me mostraban cosas que ocurrirían en el futuro. Pero, con el trascurso de los años, mis sueños se han ido haciendo aún más vibrantes, intensos y proféticos. A veces, son tan certeros que la gente que quiero me telefonea para preguntarme si he soñado con ella recientemente. Quieren saber si conseguirán un nuevo empleo, si tendrán una hija o si su salud mejorará.

Una vez tuve un sueño con un hombre medicina apache que planeaba irse de casa. En el sueño, le vi hablar con otro hombre, y pude recordar las palabras exactas de su conversación. Para mí no significaban nada; no, al menos, hasta que encontré a aquel hombre medicina apache. Cuando le hablé del sueño que había tenido acerca de él, se quedó muy impresionado, ¡porque todo lo que le conté había sucedido! Me dijo que se me había dado el don de los sueños para que ayudara a los demás, les guiara y orientara.

Poco después de aquel encuentro empecé a soñar con mis antepasados nativos americanos, que me dijeron que estaba destinada a ser la «voz de la tribu». Soñé con una mujer que se hacía llamar Pé.

Era una mujer hermosa y terrenal, e iba vestida con ropas antiguas, similares a las del siglo XIX. Me sentí atraída por ella de inmediato, y me tranquilizaba su presencia. Cuando le conté el sueño a mi madre, me dijo que estaba describiendo a mi tatarabuela, Pélage, una mujer nativa americana de Louisiana. Al saber que mi tatarabuela me estaba guiando, tomé la decisión consciente de mantener mi mente abierta respecto al poder y la trascendencia de mis sueños.

A medida que aprendía a escuchar mis sueños, éstos se hacían cada vez más útiles y valiosos. Por ejemplo, recuerdo que a menudo soñaba con los exámenes sorpresa en la universidad antes de que tuvieran lugar, y que sabía cuándo mi coche me dejaría en la cuneta o cuando mi jefe estaría de mal humor. Yo soy una persona práctica, de modo que aprendí a escuchar mis sueños y los sueños de los demás. En muchas ocasiones he animado a la gente a que presten mucha atención a sus sueños y a los mensajes que éstos contienen, especialmente a los mensajes de los seres queridos.

Pero, en los últimos años, mis sueños han pasado de ser útiles a sanar y a cambiar por completo mi vida. Mientras trabajaba en mi tesis doctoral, empecé a tener sueños sobre los difuntos progenitores de mi padre. Acudían a verme en mis sueños para decirme que mi padre tenía problemas de salud. Finalmente, llegado el verano, vinieron a hablarme en un sueño que fue tan intenso que me desperté como si una pesada piedra me hubiera caído encima.

Poco después, mi padre tuvo su primer ataque cardíaco.

Cuando el corazón de mi padre se detuvo aquel día, el mío se quebró al mismo tiempo. Me acuerdo que estaba sentada en la sala de espera del hospital, rezando sin parar. Durante aquellos días, él también vio a su padre y a su madre en sueños. Pensé que mi padre se sentiría inclinado a seguirles al otro lado, pero yo aún no estaba preparada para perder a mi padre. Hablé con mis abuelos en sueños y les dije que no se lo llevaran todavía. No sé si me escucharon o si, simplemente, mi padre decidió no hacer aún la transición pero, por fortuna, mi padre sigue estando aquí conmigo hoy en día.

Tuve que dejar de momento mi tesis doctoral mientras me ocupaba de mi padre, ayudándole a recobrar la salud. Mi directora de tesis, la hermana Dot, me dijo que me tomara el tiempo que necesitara y que estaría esperando a mi regreso.

Fue entonces cuando también empecé a tener sueños interesantes con la hermana Dot. Era una mujer a la que yo admiraba mucho, una monja/psicóloga superinteligente y con una poderosa presencia. En mis sueños, me decía que había llegado el momento y que tenía que subirme a la mesa de partos. Yo no estaba embarazada, ni en la vida real ni en el sueño, y recuerdo que me miraba el vientre, en modo alguno abultado, preguntándome de qué estaría hablando.

Cuando mi padre se recuperó de su ataque al corazón, regresé a la universidad para terminar mis estudios de doctorado. Me sentía aliviada, y estaba lista para reunirme con la hermana Dot con el fin de ultimar los planes de mi tesis. Pero, cuando llegó el momento de planificar el trabajo, ésta canceló extrañamente nuestra reunión. Aquella misma noche, volví a soñar con ella; sin embargo, esa vez soñé que me cogía de la mano y me decía que había llegado el momento de defender mi tesis. Yo respondía que no estaba preparada y que tenía miedo, pero ella me animaba e insistía en que no debía amilanarme, diciéndome que era muy fácil. Aquello me aliviaba y me hacía sentir que estaba preparada para ponerme manos a la obra.

Sin embargo, a la mañana siguiente, me enteré en clase de que a la hermana Dot le habían dado dos derrames cerebrales y que la habían ingresado en el hospital para enfermos terminales. Me sentí asolada, sobre todo porque ella había sido mi mentora y amiga desde el inicio de mis estudios. Ella fue la que me convenció de que era lo suficientemente inteligente y brillante como para hacer el doctorado, en una época en la que yo dudaba de mis capacidades académicas.

Lo sentí mucho cuando la hermana Dot falleció. De hecho, supe el momento exacto en que realizó la transición, porque soñé con un crucifijo, y luego vi su rostro junto con un brillante resplandor de luz blanca. Al día siguiente anunciaron en las aulas que había fallecido. Me acuerdo del profundo pesar que sentía. Mi mentora se había ido. ¿A quién acudiría yo ahora? Me sentía perdida, como si hubiera desaparecido una parte de mí. No sabía quién podría llenar el hueco que la muerte de la hermana Dot había dejado en mi corazón, y me abrumaba la idea de que ya nunca escucharía sus sabios consejos. Le rogué que me enviara una señal para hacerme saber que aún estaba conmigo, que todavía me apoyaba.

Unos pocos días después, mientras estaba echada en mi cama, la vi de nuevo. Parecía mucho más joven de lo que yo la había visto durante todo el tiempo que la había conocido, y exhibía una sonrisa resplandeciente. Me dijo: «Ya sabes, desde aquí arriba podemos ver todo lo que haces». Se echó a reír y me abrazó, y me besó en la mejilla. Vi también cómo se presentaba ante mi abuela y otras personas que yo conocía, tanto vivas como fallecidas, en una gran sala de reuniones. Tuve una intensa sensación de calidez, y me desperté aquella mañana con una sacudida de energía. Yo sabía que ella seguía por allí, y que cuidaba de mí desde el cielo. Aquel sueño lo supuso todo. Ella renovó mi esperanza en que podría terminar mis estudios y que, como me había dicho en sueños previos, había llegado el momento de parir mi tesis, que ella estaría a mi lado.

Cuando empecé a tener estos sueños, yo no sabía si fiarme mucho de su precisión. Pero, a medida que me fui abriendo a la experiencia y aprendí a aceptar mi don, como lo había llamado el hombre medicina apache, descubrí que no me enviaban aquellos sueños para atemorizarme, sino simplemente para orientarme hacia el máximo bien. En la actualidad, me duermo sabiendo que nunca estoy sola, sobre todo cuando me enfrento a problemas, y que estoy rodeada de ángeles que en otro tiempo vivieron en la tierra, que me apoyan en mi vida y se comunican conmigo a través de los sueños.

Ahora creo más que nunca que la vida continúa tras la muerte, y que nuestros seres queridos siguen velando por nosotras desde más allá de la tumba. Los sueños me han orientado en la vida, me han ofrecido explicaciones a los sucesos de mi existencia y me han demostrado que soy querida, sobre todo cuando me siento sola. Si comparto el relato de mis sueños contigo es para que te inspires y busques significados en tus propios sueños, porque a través de ellos yo he llegado a atisbar cómo lo Divino se entreteje con lo cotidiano. Incluso en los momentos en que tenemos la sensación de ir a la deriva y nos hallamos solos en el mundo, los sueños pueden mostrarnos que seguimos rodeados de un amor ilimitado, y que unas fuerzas invisibles nos guían en todo momento. En medio de los desafíos de la existencia, la Divinidad y nuestros seres queridos nos envían mensajes de esperanza y nos animan a perseverar, muchas veces a través de los sueños. ¡Duerme bien, y acepta las bendiciones que te llegan por medio de los sueños!

✣ 21 ✣

El regalo de mi madre

Kim Dayoc

Mi madre frunció el ceño, me señaló con el dedo y me dedicó sus últimas palabras:

—¡Tú, mierdecilla! ¡Hubiera preferido no haberte tenido nunca!

Luego, retiró el dedo que me señalaba directamente a la cara y me hizo una mueca de escarnio. Mi madre se encontraba en una camilla del hospital, a la espera de ser trasladada a otra habitación para hacerle otra prueba. Se estaba muriendo a causa de un cáncer, que se le había extendido por todo el cuerpo, en todos los órganos principales, incluido el cerebro.

—¡Vaya, mamá! –fue cuanto pude decir.

Me quedé allí mirándola, atónita.

—Veo que no va a haber un final feliz en esta película –añadí, sin saber qué más podía decir ante tanta hostilidad.

Yo sabía que aquélla era la última vez que la vería con vida, y le había preguntado si había algo que quisiera decirme. La escena que yo había imaginado era que mi madre me pediría perdón por haberme abandonado y que me diría que me quería. Yo lloraría, mi madre lloraría, el público lloraría y la escena se fundiría en negro. Sin embargo, ésta no iba a ser la película de mi vida. Ni ella ni yo lloramos. Tan sólo nos quedamos mirándonos mientras la enfermera se llevaba la camilla. Yo me quedé allí, en el mismo sitio, intentando grabar en la memoria aquel último momento con mi madre. No me sorprendió que optara por atacarme, pues aquél había sido su patrón de comportamiento a lo largo de toda la vida.

Nuestra familia se vino abajo cuando mis padres se divorciaron. Yo tenía nueve años. Mi padre tuvo una aventura con otra mujer, y mi madre se negó a perdonarle. Cuando mi padre se fue, se casó con su amante, y mi madre inició su particular descenso a los infiernos. Era emocionalmente inestable y violenta. Su salud se deterioró, así como también su mente, debido a sucesivos ataques. El rostro, que ya tenía un ceño fruncido permanente debido a la edad, se le desfiguró. Después, cuando me encontraba en sexto grado, mi hermano murió. Tenía dieciséis años. Mi madre se sintió perdida, y dejó de cuidar de mí por completo.

Una mañana, antes de irme a clase, entré en su dormitorio llorando. Ella estaba como siempre: en el lado derecho de la cama, acostada de lado, con la sábana y la manta cubriéndole la cabeza. Le dije que no tenía ropa que ponerme. Ella señaló en dirección a su armario y me dijo que cogiera algo de allí. Una chica de trece años no parecerá muy normal si se pone la ropa de adulta de su madre. Encontré una falda que pensé que quizá me serviría, y luego regresé a la habitación donde estaba mi armario y me senté. Me quedé mirando el armario, con todas las perchas vacías, y me eché a llorar. No tenía ropa.

Nos daban cupones de alimentos de esos que les entregan a los pobres, pero la comida que nos daban gratuitamente en el instituto era mi mejor comida del día. Aprendí a lavarme la ropa, a adecentar la casa y a cortar el césped del patio. Me ocupaba de todo lo que podía, creyendo que, si podía mejorar en algo las cosas, mi madre superaría su depresión y me querría de nuevo.

Pero cuando cumplí los catorce años me echó de casa. Fue una época tumultuosa y, tiempo después, regresé durante unos meses, sin embargo terminaría yéndome de nuevo por miedo a que me hiciera daño mientras dormía.

Fue entonces cuando ocurrió. Un domingo por la mañana, mientras estaba durmiendo, abrí los ojos y la descubrí intentando prenderme fuego mientras dormía. Abandoné la casa de inmediato y me instalé con unas amigas, mientras ella se mudaba a Pennsylvania sin dejarme dirección alguna de contacto.

Yo siempre había oído la broma de que los padres deberían abandonar a sus hijos cuando llegan a la adolescencia para dejarlos volver cuando ya son adultos... pero nadie había hecho algo así, ¿no? Sin embargo, al parecer, mi madre no se lo había tomado como una broma. Me quedé sola en San Antonio, y mis amigas me abrieron sus casas. Sobreviví. Muchas veces pienso que tuve la inmensa suerte de que tantas familias me acogieran y de que «la aldea» me tomara cariño.

Crecí y maduré y, con el tiempo, conseguí crear mi propia familia. Yo pensaba en mi madre, pero ya no intentaba contactar con ella. No quería saber nada de ella, del mismo modo que era evidente que ella no quería saber nada de mí. Pero entonces, un día, recibí una llamada de mi hermana Gail. Fue una tremenda sorpresa, dado que entonces yo estaba en Alemania con mi familia debido a que mi marido trabajaba en el ejército. Una breve llamada telefónica podía costar cien dólares, de ahí que ni los amigos ni la familia de Estados Unidos nos llamaran, a menos que fuera una emergencia. Gail me dijo que mi madre se estaba muriendo y que decía que quería ver a mis dos hijas. Sólo había visto a mi hija mayor unas pocas veces, y ni siquiera conocía a la pequeña. Me dejó perpleja el hecho de que quisiera ver a las niñas, puesto que nunca había mostrado interés alguno ni en mi familia ni en mí.

Yo tenía tres opciones: ir a verla mientras aún estuviera viva, ir al funeral o no ir para nada. Aquél fue un duro dilema, pero al final opté por ir a verla mientras aún viviera.

Mi padre entró primero en la habitación del hospital. Le dejamos un momento a solas con ella y, cuando entramos, mi padre estaba sollozando, mientras ella le miraba. Mi madre había sido una joven hermosa, pero la vida había hecho estragos con ella y ahora era tan sólo una cáscara retorcida de lo que había sido. Sus luchas y sus enfermedades habían destruido su otrora belleza externa. Tenía el rostro deformado debido a los muchos ataques que había padecido, no le quedaban dientes y le costaba mucho hablar. Mis hijas se pusieron detrás de su abuelo, y mi madre se sentó para verlas.

—Oh, q-q-qué bonitas —tartamudeó.

Eso fue todo; hasta ahí llegó el vínculo con su abuela.

Me senté a su lado, cerca también de mi padre, que tenía el rostro enrojecido por la emoción.

—Se parece a ti, Jane. Tiene tu cabello –dijo mi padre después de mirarme.

—Hermosa –comentó mi madre con una voz extrañamente clara.

En ese momento me sentí embargada por la emoción, de manera que salí corriendo de la habitación. Mis lágrimas procedían de una parte muy profunda de mi alma, y casi que me hacían daño. Mis padres nunca habían hablado de mí de aquella manera. Cuando me recompuse, regresé a la habitación. Con el transcurso de los días, terminamos disponiéndolo todo para que mi madre fuera atendida en un hospital de enfermos terminales, en gran medida contra su voluntad puesto que «no quería terminar en una residencia de ancianos». Creíamos que fallecería en cualquier momento, pero los días se convirtieron en semanas y llegó un momento en que se nos hizo evidente que no podíamos seguir en Estados Unidos. Teníamos que volver a Alemania.

A las tres semanas de regresar a casa, la Cruz Roja contactó con mi marido para decirle que mi madre había fallecido, pero yo no me enteré de aquello hasta dos días y medio después. Sentado a la mesa, mientras se comía un cuenco de cereales, se acordó.

—Kim –dijo, hablando con la boca llena de Cheerios, me olvidé de decirte que tu madre no lo consiguió.

Y se metió otra cucharada grande de cereales en la boca.

—¿Que no consiguió? –pregunté–. ¿A qué te refieres?

—Que se ha muerto.

—Oh.

Me levanté y me fui al dormitorio, pidiéndole antes que se ocupara de las niñas. Necesitaba estar sola un rato. No tenía ni idea de que su fallecimiento me fuera a afectar tanto. Mi marido me detuvo y dijo:

—Tú y tu madre no os llevabais bien, ¿por qué te comportas así?

No tenía respuesta para eso, dado que yo me había hecho la misma pregunta. Me sumí en el dolor, y lloré, y me hice un ovillo, y eché de menos a mi madre. Supongo que había estado deseando eso toda mi existencia, y con ella aún viva yo todavía mantenía la esperanza de que algún día apareciera en mi vida. Lloraba porque finalmente había perdido toda esperanza. Me pasé dos noches en el dormitorio, llorando, confusa, sin saber por qué su muerte me había impactado tanto.

La segunda noche de duelo fue igual que la primera. Estaba destrozada. Seguía oyendo las últimas palabras que me había dedicado, diciéndome «mierdecilla», cuando lo único que yo quería era una reconciliación.

Aquella noche, mientras dormía, oí de repente a alguien que me decía que me despertara. Miré hacia arriba y allí estaba ella. Permanecía de pie, al lado de mi cama, en medio de un resplandor. No podía ver lo que había detrás de ella porque la envolvía una luz. Me fijé en su cabello. Parecía muy suave, y se podía ver cada hebra por separado. Su rostro volvía a ser hermoso e impecable. Por las fotos que había visto de ella, yo diría que el suyo era el mismo aspecto que tenía poco antes de los treinta años, juvenil. Llevaba puesto un vestido azul. Me senté en la cama y le acaricié la cara. Se la veía tan amable, tan llena de amor.

«He venido a decirte que lo siento, y que te quiero ahora de la forma que debería haberte querido siempre. Ahora soy perfecta; mi amor es perfecto. Estaré contigo siempre», me dijo. Y luego me abrazó.

Me puse a llorar de nuevo, aunque esta vez no era tan doloroso, sino que sentía que sanaba.

Me desperté sentada en la cama. Mi madre se había ido, y de inmediato desperté a mi marido.

—¡Ha estado aquí! –grité–. ¡Ha estado aquí!

Se lo conté todo.

—Creo que sabía que me había hecho mucho daño con sus últimas palabras, ¡y Dios la ha dejado volver para decirme que lo sentía!

Mi marido me dijo que todo había sido un sueño, se dio la vuelta y siguió durmiendo. A la mañana siguiente me desperté sintiéndome feliz, pero fue entonces cuando empecé a cuestionarme la visión. Parecía real, no obstante mi marido no me creía, y tampoco había visto nada. Al final, dudé de lo que había visto.

Un día mi marido llegó a casa a mediodía con el correo. Había una carta de la esposa de mi padre. Me mandaba un trozo de página de una popular revista cristiana. En aquel trozo de página, había señalado varias cosas. Lo primero que había marcado era la fecha: 8 de julio, mi cumpleaños. La segunda, el título, que trataba de las relaciones. Había un par de frases debajo de las líneas amarillas del marcador: «Si una persona muere en Cristo y la relación era mala, recuerda, con Cristo todo se vuelve perfecto. La relación se perfecciona».

Aquel artículo reflejaba, casi palabra por palabra, lo que mi madre me había dicho en la visión. El artículo continuaba con un mensaje sobre el perdón, y yo sabía que era la señal que necesitaba para deshacer definitivamente mi equipaje emocional. Se me había hecho un regalo. Mi madre se había perfeccionado, y yo tenía que perdonar sus errores terrestres. Ahora sé que está con Cristo y, a medida que deshacía mis maletas de «Mi madre no me quiere», también supe que estaba conmigo, y que estaba perfeccionada. Es una mujer hermosa, radiante, llena de luz y de amor. Ahora es mami, la mami que siempre quise, adoré y necesité. Y, a pesar de haberme abandonado en el mundo físico, ahora sé que, en el mundo espiritual, siempre estará conmigo.

✿ 22 ✿

El regalo

Thea Alexander

Yo estaba pronunciando un panegírico, hablando a través de las lágrimas que surgían desde lo más profundo de mi interior. Tenía el pecho contraído por la angustia mientras intentaba transmitir lo cariñoso que era mi padre, lo diferente que sería nuestra vida sin él y cuánto lo íbamos a echar de menos.

Me desperté con un sobresalto.

Me habían despertado de un sueño en el que pronunciaba un panegírico sobre mi padre para decirme que acababa de fallecer.

En las primeras horas de la mañana, deslizándose silenciosamente desde la presencia física, mi padre se «graduó» de su existencia terrestre. Tras una relación de diez años con el cáncer, todo lo que mi padre estaba destinado a experimentar lo había experimentado. Vidas alcanzadas, lecciones aprendidas, momentos creados y compartidos.

El día de su funeral de, tuvimos la suerte de poder sentirle en el espíritu. La procesión de automóviles discurrió lentamente por varias carreteras secundarias rurales hasta llegar al pequeño cementerio situado en las afueras de la ciudad. Mientras nos acercábamos al lugar, divisamos un enorme árbol al otro lado de la carretera, frente al cementerio. Un gigantesco arce, nudoso, maltratado por las inclemencias del tiempo, y muerto, se elevaba como un guardián ante la entrada del cementerio, mientras un águila calva americana vigilaba desde las alturas de sus ramas. El águila era el ave preferida de mi padre, y el arce su árbol favorito. Sin duda, mi padre estaba allí con nosotras, mientras nos congregábamos en su honor para dejar su forma humana en su lugar final de descanso.

Cuando llegó la primavera, fui de visita a la granja de mi padre, donde él había estado viviendo durante casi veinte años. En el patio se levantaba un gigantesco fresno, otro árbol importante para mi padre, dado que se había pasado muchos años mimando a aquel pobre y viejo árbol, intentando que diera sus bayas rojo anaranjadas, su característica distintiva. El árbol no lo consiguió... hasta después de la muerte de mi padre. Aquel año, las viejas ramas del árbol se cubrieron de grandes hojas, más que en la última década, y a mitad de verano se veían colgar racimos de bayas tan pesados que las ramas inferiores se combaban para besar la tierra. Tras aquella espectacular explosión de vida, el árbol murió, por lo que se hicieron planes para su desarraigo. Y ahí fue donde tuvo lugar la primera de las muchas señales de mi padre.

En los días y las semanas que siguieron a su muerte, comencé a experimentar la vida hasta mucho más allá de la experiencia humana. Con la sensación de que regresaba a casa, acepté incuestionablemente que todo permanecía aletargado en mi interior y que ahora se estaba despertando. Mi naciente conciencia de la fuerza vital en mi interior, mi alma, me resultaba familiar y confortable.

Al cabo de sólo dos meses de su fallecimiento, mientras descansaba en la cama, en ese espacio limítrofe entre el sueño y la vigilia, sentí una presencia a mi lado, aunque allí no había nadie. No me asusté, pero estaba convencida de no estar sola.

Mientras yacía físicamente en la cama, mi alma inició un viaje que recuerdo vívidamente. En una visión, mi hermano y yo discurríamos por una larga y solitaria autopista en las regiones inhóspitas de Ontario, buscando un lugar resguardado donde dormir antes de que cayera la noche.

En cada salida y en cada cruce de la autopista nos llevábamos una decepción, dado que no conseguíamos encontrar el refugio que buscábamos. Por último, nos decidíamos a volver, en lugar de arriesgarnos a ir aún más lejos en la oscuridad. Derrotados, redujimos la velocidad y giramos a la derecha; y, en ese momento, al deslizarnos por la pendiente de la carretera, divisamos una cabaña que, de otro modo, jamás habríamos visto.

Mientras nos acercábamos a ella, tres borboteantes fuentes me llamaron la atención y, al mirarlas, me sorprendió que de pronto hubiera amanecido. Al volver a mirar hacia la cabaña vi que también había cambiado y ahora tenía el aspecto de una gran cabaña de troncos.

Subimos por la escalinata de acceso, cruzamos la gran terraza que se abría en su frontal y abrimos la pesada puerta de madera. Miré a mi alrededor al entrar y me fijé en un expositor de cristal en el que había caramelos y baratijas para turistas, con una caja registradora encima y una bandeja de cristal con caramelos de menta. La persona que había detrás del expositor nos recibió con una voz que me resultó familiar. Era mi tía, que había fallecido hacía veinte años.

—¡Bueno, mira quién ha venido! —exclamó risueña, dándonos una cálida bienvenida—. Sé a quién habéis venido a ver.

Dando rápidamente la vuelta sobre sus talones, mi tía nos llevó a través de una gran sala de techos abovedados con grandes vigas de madera, y junto a una cristalera que se abría a los vastos paisajes canadienses.

Yo estaba demasiado ocupada inspeccionándolo todo, fijándome en todo, como para darme cuenta de adónde íbamos. Toda la sala estaba inundada con la luz del sol matinal, mientras la gente ocupaba todas las mesas que se distribuían por ella. Un estruendo inaudible de conversaciones se percibía en el fondo, de forma que se establecía el tono y la energía de la sala. Nos detuvimos de repente, y mi tía se apartó a un lado. Allí sentado ante una mesita había un hombre delgado y frágil con una camisa que me resultaba familiar, que se estaba poniendo una gorra que me resultaba aún más familiar.

Mi padre se puso en pie para darnos la bienvenida con una gran sonrisa y un cálido abrazo, como siempre hacía cuando vivía. Transpiraba alegría, literalmente, irradiaba luz mientras nos hacía gestos para que nos sentáramos con él. Nos preguntó cómo nos había ido el viaje, y nos pusimos a charlar. Mientras conversábamos, el resto de la sala (incluido mi hermano) se desvaneció en el fondo, de modo que sólo nos quedamos mi padre y yo charlando, riendo, recordando y llorando, todo a la vez, en aquel espacio mágico. ¡Me sentía tan feliz de verle! En un principio, me mostré un tanto aturdida, incapaz de centrarme del todo. Lo único que tenía claro era lo maravilloso que era estar de nuevo con él, oír su voz y tener la oportunidad de «ponernos al día».

Me acuerdo que pensé, «Esto no puede ser real. Está muerto». Pero era muy real. Yo no me estaba inventando las conversaciones que manteníamos. Ni siquiera en un millón de años hubiera podido hacerlo. Mi padre atendía concienzuda y cuidadosamente a cada detalle, cada pregunta, cada emoción que surgía de mi interior mientras revisábamos nuestra vida juntos. Atentamente, de manera compasiva y cariñosa, me mostró nuestras circunstancias vitales desde una perspectiva muy diferente, la del amor incondicional, la aceptación absoluta, y en un espacio del todo ausente de juicios. No había nada que se etiquetara o se definiera; simplemente era. Yo era capaz de apreciar cada detalle desde nuestras perspectivas, pero también desde un punto muy diferente fuera de la existencia humana, un espacio que permitía que cada interacción fuera una lección vital para la energía que había en mi interior, mi alma.

Sin embargo, todo terminó tan súbitamente como había empezado. Mi hermano reapareció como de la nada y dijo que era hora de partir, detallando brevemente el largo viaje que teníamos por delante. Como sabía que tenía razón, mi padre y yo empujamos hacia atrás las sillas y nos levantamos de la mesa al unísono, intercambiando comentarios amables sobre lo agradable que había sido vernos de nuevo y de lo agradecidos que estábamos por aquellos instantes pasados juntos.

—Te quiero –le dije–. ¡Hay tantas cosas que me gustaría compartir contigo! ¿De verdad te tienes que ir?

—Yo también te quiero, Boo –respondió él abriendo los brazos.

Adelantándome hacia él me fundí en su abrazo y, de pronto, fui consciente de que era transparente.

—Papá, no entiendo —dije echándome hacia atrás—. ¿Qué ocurre?

—Me tendrás que abrazar con un poco más de fuerza —respondió él—. No puedo sentirlo todo del mismo modo desde donde estoy ahora. Abre tu corazón. Adelántate al miedo.

En aquel momento, el día entero se desarrolló ante el ojo de mi mente, mientras permanecía allí, delante de él. Una versión a cámara rápida de las idas y venidas, de nuestras telepáticas conversaciones, de la luz del sol impregnando la sala, arrojando sombras a medida que se aproximaba el final de la jornada. Ahora soy consciente de que lo vi todo a través de la imagen de mi padre. Él sonreía y asentía con la cabeza como aquel que lo entiende, que reconoce mi nueva verdad.

—No existe el final —dijo—. Continuamos más allá de la vida física. Siempre estaré contigo.

De repente, todo se desvaneció, y me hice más consciente de mi entorno a medida que se afinaba el velo entre el espíritu y la presencia física. Percibí el aroma de mi padre a mi alrededor y me puse a llorar. Lloré por el dolor que sentía en lo más profundo de mi ser, por tenerle aquí en el mundo físico. Lloré por el término de aquellos momentos que habíamos pasado juntos en el espíritu. Lloré también por la intensidad de su presencia y por el amor incondicional que sentí.

Surrealista y profundo.

Ahora, después de diez años, me acuerdo de todos los detalles de una forma tan vívida como cuando sucedieron. Grabada para siempre en mi mente física, esta visión dejó una huella profunda en mi alma. Sé, sin lugar a dudas, que yo pertenezco a ese lugar y que volveré al amor incondicional, un lugar que está más allá de la vida física, un lugar donde la presencia de mi padre me estará esperando.

23

Más allá del temor

Jessica McKay

Yo tenía veintiocho años y trabajaba de administrativa en las oficinas de una universidad en mi ciudad natal. No creo que pueda transmitir cuánto detestaba el trabajo que hacía y lo desplazada que me sentía allí. Todos los días eran iguales, todos los trabajos eran iguales, y cada mañana, a la misma hora, mi jefe recorría las oficinas para asegurarse de que todas estábamos en nuestros sitios. Aquello me resultaba asfixiante. En mi profundo anhelo por expresarme libremente, me rebelaba a mi manera con cosas pequeñas, como saltándome el código de atuendo, al ponerme una mañana unas zapatillas deportivas rojas. Aquello era lo máximo que podía hacer para poner algo de color en mi vida, pero no duró mucho , dado que el jefe me llamó a su oficina de inmediato para darme una reprimenda.

Toda la gente de mi edad a la que conocía o bien se habían casado y estaban teniendo hijos, o bien estudiaban un máster en la universidad. Yo no tenía ningún plan para mi vida. No podía planificar nada porque no sabía lo que quería, pero sí que sabía lo que no quería: dedicar el resto de mi vida a ir de casa al cubículo de la oficina y regresar, para hacer un trabajo que no me apasionaba en absoluto. Tenía la sensación de que había un destino diferente para mí, pero no sabía cuál era. Sólo sabía que anhelaba aventuras y magia, y que gravitaba hacia la espiritualidad.

Mis padres también detestaban sus empleos, y yo pensaba que aquello debía de ser, simplemente, lo que significaba trabajar: hacer algo que detestas con el fin de sobrevivir económicamente. Y, sin embargo, me aferraba a la esperanza de que tenía que haber un sendero diferente para mí.

Por entonces, yo solía irme de viaje sola, con el fin de obtener un poco de perspectiva sobre mi vida. Necesitaba con urgencia unas vacaciones. Pero, aparte de las vacaciones de verano, el invierno era el «momento de la verdad» en la oficina, y a mis compañeras y a mí no se nos permitía tomar vacaciones entre diciembre y abril. En un acto de desesperación, a pesar de todo reservé un viaje de una semana a Londres. El día de la partida, mi padre llamó a la oficina y le dijo a mi jefe que había pillado una gripe y que estaría ausente una semana.

Mi padre era un poderoso aliado, porque podía entender mis sentimientos, el hecho de que me sintiera atrapada. Él mismo no podía soportar su empleo de taxista, y quería que yo disfrutara de la vida el máximo posible. Incluso cuando estaba en el jardín de infancia, buscaba la manera de rescatarme y concederme unos instantes de libertad. Venía y me sacaba de allí mientras el resto de los niños dormía la siesta. Nos sentábamos en la calle, en los escalones de piedra, y comíamos manzanas y uvas que él mismo traía. Yo me sentía muy agradecida por aquellas escapadas momentáneas de lo que consideraba una prisión. Ya entonces detestaba que me metieran en una caja, y él lo sabía.

De modo que, gracias a mi padre, me fui a Londres para pasar la Nochevieja. Necesitaba espacio para pensar en mi vida y en lo que quería. Necesitaba una perspectiva diferente y, sobre todo, una evidencia de que podría desprenderme de mi realidad cotidiana y rediseñar mi vida por completo. Cuando el avión se lanzó por la pista de despegue a toda velocidad pronuncié una frenética oración: «Por favor, Dios, muéstrame otra forma de vivir mi vida». No quería volver a casa sin una respuesta.

Cuando llegué a Londres, la ciudad me abrazó. Aunque era invierno, me pareció un refugio comparado con el frío y penoso trabajo de mi vida. Llegué a mi hostal a mediodía, dejé la maleta en el suelo y me eché a dormir tal como iba, sin cambiarme de ropa. Unos cuantos minutos antes de despertarme, tuve un sueño muy vívido. En él, una mujer con el cabello castaño y ojos brillantes venía a mi habitación y me sacudía para que me despertara, diciendo que, si iba a una librería, conocería a alguien especial. Me desperté y, todavía medio dormida, me fui a la calle. No tenía ni idea de adónde iba, ni siquiera si habría algo abierto tan tarde en la víspera de Año Nuevo. No me detuve a preguntar direcciones; tan sólo me dejé llevar por mis pies. Recorrí tres manzanas, instintivamente giré a la derecha y allí estaba: una librería Barnes & Noble brillantemente iluminada, abierta a pesar de ser festivo. Me fui directamente a la sección New Age, que es donde acababa yendo a parar en todas las librerías, y de pronto vi a un hombre leyendo un libro en un sillón.

El título del libro que leía pareció cruzar volando la sala: *Más allá del temor.*[5] En cuanto vi ese libro supe que aquélla era la razón por la cual me encontraba en aquella librería. No sé cómo lo supe; simplemente sentí como si me guiaran, como si yo fuera una marioneta cuyos hilos estuvieran siendo movidos por una conciencia superior. Leí el subtítulo del libro mientras lo sacaba del estante: *Las enseñanzas de Don Miguel Ruiz recogidas por Mary Carroll Nelson.*

Don Miguel Ruiz es el autor de *Los cuatro acuerdos,*[6] un libro acerca de la sabiduría tolteca que se convirtió en un *best seller* después de que Ellen DeGeneres y Oprah lo recomendaran a finales de los años noventa. Yo había leído *Los cuatro acuerdos* y me había gustado, pero nunca había visto *Más allá del temor.* El título me impactó, porque el temor estaba arruinando mi vida. ¡Tenía miedo de todo! Tenía miedo de cambiar, de la intimidad en las relaciones, de mí misma.

Mientras sostenía el libro entre las manos, supe que debía comprarlo. Me pasé toda la semana en Londres leyéndolo de cabo a rabo.

---

5. Publicado por Ediciones Urano. Barcelona, 2017.
6. Publicado así mismo por Urano en 2012.

Era fascinante. Contaba la historia de Miguel, de la visión mágica que tuvo mientras visitaba la ciudad sagrada de Teotihuacán, en México. En su visión supo que la antigua ciudad se había construido como una universidad para que acudieran a ella los buscadores espirituales, con el fin de que aprendieran la verdad acerca de la vida y de sí mismos. Sentí que algo se movía en mi interior con todo eso, de modo que decidí ir allí.

Para cuando compré el libro, Don Miguel Ruiz se había hecho tan famoso como escritor y maestro que no podía atender personalmente y enseñar a quien quisiera beber de la sabiduría tolteca. Como consecuencia de ello, tenía una lista de maestros que él personalmente recomendaba y que estaban llevando sus propios grupos en viajes espirituales a México. Uno de ellos en concreto, Allan Hardman, captó mi atención. Allan es el creador de Joydancer.com, una página web y una comunidad de personas que buscan la libertad personal a través del sendero tolteca, tal como lo enseñó Don Miguel Ruiz. De modo que hice planes para ponerme en contacto con Allan en cuanto llegara a casa.

Regresé a mi trabajo sintiéndome renovada. Desempeñaba mi trabajo habitual y me sentaba en mi cubículo con los zapatos estipulados para el trabajo; pero, por dentro, estaba exultante. Tenía un plan, y sabía dónde debía ir en busca de respuestas. En cuanto se levantó la veda para tomarse vacaciones en la oficina, reservé mi plaza para el próximo viaje a Teotihuacán con Allan Hardman.

Teotihuacán es un antiguo enclave de pirámides que se encuentra a hora y media al norte de la ciudad de México. Nuestro grupo iba caminando desde el hotel hasta el complejo de las pirámides todos los días. Nos desplazábamos de construcción en construcción y de plaza en plaza, realizando ceremonias y rituales personales, desprendiéndonos de nuestros miedos, traumas de la infancia y creencias limitadoras con el apoyo del grupo. Éste es el viaje que Don Miguel Ruiz vio en su visión y que describe en *Más allá del temor.*

Mi viaje a México cambió para siempre mi manera de concebirme a mí misma y al mundo. Descubrí que la mayor parte de mis creencias arraigadas eran falsas. Yo no *tenía* por qué trabajar en un trabajo que detestaba para sobrevivir económicamente. No tenía por qué fingir ser lo que yo creía que la gente quería que fuera para que me aceptaran y me quisieran. Descubrí que podía ser vulnerable y que la gente podía aceptarme de todos modos. Comprendí que la situación de mi vida era un reflejo de mis propios juicios, y que ahora se me estaba introduciendo precisamente en aquello por lo cual había rezado: «otra forma de vivir mi vida», una forma de vivir en el amor y la aceptación de mí misma.

Dos meses después de mi viaje a México, dejé mi trabajo y me mudé desde Nueva Jersey a California con el fin de trabajar para Allan, ayudándole con la parte del negocio de Joydancer.com. Mudarme a California fue como volver a casa. La gente a la que conocía era parecida a mí, con el mismo deseo de interiorizar, de sanar las historias que les hacían sufrir, y de crear una vida de alegría. Me encontré con mi familia anímica. Descubrí cómo quererme a mí misma y ser feliz. Empecé a enseñar con Allan y a dirigir con él sus viajes a México. Desarrollé un intenso interés por la sanación emocional y me inscribí en un curso de hipnoterapia. El estudio de la hipnoterapia me puso en contacto con mis ángeles guardianes y mis espíritus guías por vez primera, incluida la guía que se me había aparecido en aquel sueño.

Pocos años después, me invitaron a narrar la versión oficial de audio de *Más allá del temor*. Había pasado de estar desorientada y no saber lo que quería a ser una maestra espiritual y la voz que miles de personas escucharían cuando oyeran la versión audio del libro. Y todo porque mi espíritu guía vino a verme cuando estaba sola en una minúscula habitación de un hostal, de vacaciones, a miles de kilómetros de distancia de cualquier persona que yo conociera, en respuesta a mi oración. Este milagro abrió la puerta al resto de mi vida.

❧ 24 ❧

El corazón de una madre intuitiva

Dra. Debra J. Snyder

Hubo un tiempo en que intuición y energía no jugaban ningún papel de importancia en mi vida. Aunque con frecuencia presentía cosas, como la próxima canción que iba a sonar en la radio o quién me telefonearía aquel día, no le daba demasiada importancia a tal habilidad. Y, ciertamente, no esperaba que mi hija se convirtiera en mi guía espiritual en un viaje hasta los rincones inexplorados del universo, pero el nacimiento de Raegan desencadenó un cambio inmediato y espectacular en mi perspectiva de la vida.

Lo que había sido un saludable embarazo terminó abruptamente cuando mi hija nació con una extraña malformación cerebral. Mi marido, Mark, y yo tuvimos la sensación de que el mundo se había vuelto del revés. Todos nuestros pensamientos y sueños se desmoronaron a nuestro alrededor, y fueron sustituidos por una realidad temible y caótica. Nos sentíamos solos, y no nos veíamos preparados para gestionar lo que se nos había puesto en las manos. Poco imaginábamos en aquel momento que una fuerza vendría desde más allá de la realidad normal, física, para abrazarnos con todo su amor.

Como la mayoría de los padres y madres primerizos, casi no dormíamos, por lo que desarrollamos un oído fino y nuestro pelo estaba siempre desordenado. Mark y yo nos turnábamos en los paseos que nos dábamos por la casa a las 2 de la madrugada, intentando calmar a nuestro precioso «paquetito» y acostumbrarnos a una vida con necesidades especiales. La mayoría de las veces me quedaba dormida en el sofá después de cenar, sentada y con mi niña en el pecho. Pero una noche, ya tarde, mientras Raegan y yo intentábamos dormir en la oscurecida sala de estar, me entró el pánico. Aquello era algo que me había sucedido periódicamente con anterioridad, la sensación de que un bosque se cerraba a mi alrededor y me impedía ver el sendero que seguía. Aquel bosque de temor se hacía cada vez más oscuro y denso, y mi mente se sumía en un torbellino de pensamientos desordenados. ¿Cómo nos las apañaríamos? ¿Qué haría yo con mi empleo? ¿Y si Raegan moría? El pulso se me aceleró, y las lágrimas comenzaron a correr por mis mejillas. Me levanté y me paseé con la niña, con una fuerte presión en el pecho. Me estaba provocando a mí misma un ataque de pánico, dejando que mis ansiosos pensamientos me arrastraran hasta un profundo pozo de desesperación. La habitación comenzó a latir y a girar a mi alrededor, hasta que me derrumbé en el sofá mareada.

Con los ojos entreabiertos, vi a dos figuras que se acercaban a mí. Una de ellas me tomó a Raegan de los brazos y la acunó susurrándole una canción de cuna. La otra se sentó a mi lado y me acarició la cara y el cabello. «Siente la luz en tu interior. Deja que te guíe», dijo. «Tu hija no tiene miedo, y se siente confiada con tus cuidados. Tú elegiste esto. Ella eligió esto. Estaremos aquí para ayudarte».

Aquellas serenas figuras resultaban difíciles de distinguir en la oscuridad de la sala. No eran exactamente personas, y parecía que cambiaban de forma, color y tamaño ante mis ojos. Cuanto más intentaba discernirlas, más tenues se volvían.

—¡No os vayáis! –dije mientras me despertaba sobresaltada.

Raegan dormía apaciblemente sobre mi pecho, y no había nadie más en la sala. Miré a mi alrededor y sentí algo reconocible, como si acabara de recibir la visita de mi bisabuela, quien había fallecido cuando yo era niña.

—¡Nana –rogué en voz alta–, vuelve, por favor!

Respiré hondo, puse a Raegan en su cuna y me fui a la cama. Diez horas después me desperté. Tanto Mark como yo habíamos dormido profundamente por primera vez desde que habíamos llegado a casa procedentes del hospital, cuando nació Raegan.

Pero no tardé mucho en oír a otros. Una noche, mientras dormíamos en la cama, escuché, «¡Debra!».

—¿Qué? —le pregunté a Mark, que estaba a mi lado.

Pero no hubo respuesta. Dormía profundamente.

«¡Debra, ahora!», urgió la voz.

Me senté de repente, intentando averiguar qué pasaba y si aquello era o no un sueño. Mi cuerpo se tensó.

—Raegan me necesita —susurré.

Salté de la cama y fui corriendo hacia ella. A Raegan le colgaba un brazo por fuera de la cuna, de tal modo que se había quedado enganchada entre los barrotes, mientras una manta le cubría la cara. No se movía.

—¡Oh, Dios mío! —grité mientras la cogía, le sacaba el brazo de entre los barrotes y la abrazaba tiernamente.

Estaba bien, y seguía durmiendo.

—Gracias… gracias… gracias por cuidar de nosotras —dije llorando, sin saber muy bien a quién o qué me dirigía.

¿Serían mis antepasados, o quizás los ángeles? Carecía de importancia; simplemente, estaba encantada de que hubiera alguien ahí velando.

Aunque la discapacidad de Raegan era grave, conseguimos acomodarnos de un modo u otro. Raegan, con casi tres años, estaba acostada y sin moverse a poco más de un metro de mí, conectada a numerosos monitores y máquinas en el hospital más grande del estado. Llevábamos allí varias semanas, mientras Raegan se recuperaba de una operación en la cual le habían puesto una sonda gástrica para alimentarla, dado que cada vez tenía más dificultades para tragar todo tipo de líquidos sin atragantarse. Su cuerpecito yacía inerte, con los ojos cerrados, y lo único que se oía eran los sonidos de los equipos médicos.

En aquel momento sombrío tuve la impresión de que todo lo que pudiera salir mal iba a salir mal. Las complicaciones que siguieron a la operación fueron numerosas: el estómago destrozado, unos medicamentos no adecuados y ataques incontrolables. Los problemas se iban abordando a medida que surgían, pero Raegan no estaba bien y no sabíamos exactamente por qué. Su radiante sonrisa y sus alegres risas llevaban ya muchos días ausentes.

Yo rogaba que le hicieran más pruebas, pero me encontraba con comentarios condescendientes acerca de padres hiperreactivos, tras lo cual me sugerían que no cuestionara los conocimientos y la experiencia de un cirujano experimentado. Mientras veía morir a mi hija, pronuncié una oración para someterme a los designios de Dios:

—Señor, tú que sabes qué es lo mejor. Por favor, cuida de mi hija. Alíviale el dolor. Sea lo que sea que quieras, por favor, muéstrame de qué modo puedo ayudarla.

Con la cabeza caída entre los hombros, resignada, exhalé un suspiro y seguí sollozando en silencio.

Allí sentada en la oscuridad, física y emocionalmente exhausta, mientras las lágrimas recorrían mis mejillas, apareció en mi mente la frase: «Está creciendo». Renuncié sobresaltada a mi mirada vacía en el suelo para preguntar en voz alta:

—¿Qué está creciendo?

Su respuesta fue inmediata: «En mi garganta, mamá». De un salto me planté al lado de mi hija y le dije con una suave voz:

—¿Quieres decirme algo, cariño?

Y un sonoro «Sí» inundó mi cuerpo.

Raegan seguía durmiendo, sin mostrar ningún indicio físico de que estuviera comunicándose conmigo. Pero esta vez yo sabía que no era un ángel ni un guía espiritual quien intentaba captar mi atención; era la propia Raegan la que me pedía ayuda. No sabía de qué modo lo estaba haciendo, pero en aquel momento creí con todo mi corazón que lo que me transmitía era verdad.

El equipo quirúrgico se resistió a todo cuanto yo argumentaba. Y, cuando les dije que mis preocupaciones procedían de lo que me comunicaba mi propia hija, literalmente, entornaron los ojos con condescendencia.

Al cabo de varias semanas de acaloradas discusiones, mientras nuestra hija seguía empeorando, accedieron finalmente a hacerle más pruebas. Entonces descubrieron que un punto de sutura se había desplazado en el transcurso de la operación, lo que le había provocado un crecimiento anormal del tejido cicatrizante en torno a él, le bloqueaba el esófago y le impedía tragar. Ahora era evidente. Aquella grave circunstancia no se debía a su discapacidad ni a afección alguna preexistente. Raegan era víctima de un error quirúrgico y estaba pidiendo ayuda. Mi hija, que era incapaz de hablar, descubrió milagrosamente una forma de comunicarse, y pudo salvar su vida.

Tuvieron que operarla de nuevo para corregir el problema; pero, dado que ya no confiábamos en el aquel equipo quirúrgico, pedimos que nos trasladaran de hospital para poner en marcha la recuperación. A lo largo de los muchos meses que permaneció en el hospital, Raegan siguió enseñándome el modo de utilizar el corazón para hablar. Esta inusual forma de comunicación se agudizaba sobre todo en los momentos de crisis y cuando ambas dormíamos. Hasta que llegó un momento en que decidí que no tomaría ninguna decisión referente a sus cuidados sin comprobarlo primero mediante nuestra conexión emocional, pues tenía la sensación de que Raegan estaba operando desde un lugar superior.

Sin embargo, el miedo y las dudas seguían agazapados en mi mente, pues me preocupaba haber tomado una decisión errónea al dejar nuestro hogar para poner a Raegan bajo los cuidados de un equipo quirúrgico y un hospital diferentes. Todavía no conocíamos a los nuevos médicos y, debido a que habíamos llegado de madrugada, no había aún tenido oportunidad de situarme.

—Por favor, Señor... –susurré–, envíame una señal de que he tomado la decisión correcta.

La puerta se abrió de repente para dar entrada a una joven y vibrante enfermera.

—Buenos días y bienvenida, señorita Raegan –dijo con un tono alegre–. Estoy aquí para cerciorarme de que estás bien instalada. ¿Cómo va eso, mamá? ¿Le importaría darse una vuelta y tomarse un café mientras reconozco a Raegan? –me pidió con dulzura.

Sabía que mi hija estaría en buenas manos durante los minutos que me llevara encontrar un poco de cafeína.

Mirándola aún por encima del hombro, salí de la habitación y tropecé de repente con un hombre en el hall. Era un caballero de edad y de mirada amable, inmaculadamente vestido con traje y corbata. Aún sobresaltada, vi que entraba en la habitación contigua a la nuestra y que daba los buenos días a la gente que se encontraba allí. Con el corazón aún alborotado, me di cuenta de que había estado a punto de noquear al doctor T. Berry Brazelton, famoso en todo el mundo por sus logros en el desarrollo de la medicina infantil.

Aunque el Dr. Brazelton no se involucraría en el cuidado de Raegan, yo sabía que su presencia era la señal que le había pedido a Dios. De todos los médicos con los que me podría haber tropezado y que jamás habría reconocido, lo habían puesto precisamente a él en mi camino. Un encuentro casual en el hall me mostró que estábamos en las manos de algunos de los mejores especialistas del mundo; mi hija iba a estar bien cuidada.

Pero las señales milagrosas no han dejado de aparecer durante cada uno de los días de nuestra vida; unas han sido más sutiles y otras espectaculares. Raegan tiene ahora dieciséis años y ha sido una embajadora sorprendente del ilimitado poder del amor y de la comunicación energética. Todo esto me ha llevado desde una vida donde lo intuitivo era algo casual hasta otra en la que la intuición y la energía conforman el centro. Aunque nuestro viaje no ha sido fácil, me reconforta saber que, ocurra lo que ocurra, los milagros del universo estarán del lado de mi hermosa hija y de su intuitiva madre.

❧ 25 ❧

Grietas milagrosas

Karen James

Mi corazón se ha resquebrajado más veces de las que puedo contar. Tras sobrevivir a un padre alcohólico y violento, a un embarazo en la adolescencia y al suicidio de mi padre, creía que había superado las mayores tempestades que la vida me tenía reservadas, pero estaba equivocada. Me consideraba a mí misma una experta en el arte de taponar las grietas de mi corazón, pero nada –y quiero decir nada– podría haberme preparado para la fractura que estaba a punto de suceder.

Antes del acontecimiento que me pondría de rodillas, me había pasado muchos años, por fin, viviendo el gran sueño. Estaba felizmente casada y tenía un magnífico empleo, una gran casa y un hijo y una hija en la mayoría de edad que iniciaban sus propias vidas. Mi hija Jess, de diecinueve años, se había casado recientemente con el amor de su vida y, aunque yo hubiera deseado que esperara un poco hasta graduarse en la universidad, no dejaba de admirar a la mujer en que se había convertido, alguien llena de sueños, esperanzas y promesas.

Cuando Jess anunció que estaba embarazada de mi primer nieto lo celebramos por todo lo alto en su restaurante favorito. Fue una velada feliz y perfecta, y ninguna de nosotras hubiera podido imaginar que aquélla sería la última noche que, como familia, pasaríamos todos juntos.

Tan sólo dos días después recibí la llamada. Jess había tenido un accidente de tráfico y «no había sobrevivido». Escuchar esas palabras es como si te disparasen un tiro en el corazón a bocajarro. Eran unas palabras demasiado peligrosas, que no puedes obviar. Las palabras que te dicen que tu hija ya no está viva son algo que tu cerebro no puede asimilar. Los padres no pueden permitir que esas palabras se registren como verdad. Son palabras que te dicen que la vida, tal como la conocías, nunca volverá a ser la misma.

De inmediato, me sumí en la nada. Era una caja, un lugar compacto, sin luz ni oscuridad. No había arriba ni abajo, ni pensamiento, ni tiempo, ni tampoco espacio. Todo sucedía tanto a cámara lenta como a la velocidad de la luz. Me derrumbé en el suelo y grité. Un grito gutural, animal; el tipo de grito que sólo puede emerger cuando se oyen las palabras que significan que tu hija está muerta. Desapareció mi lenguaje. Sólo podía emitir explosiones violentas, volcánicas, con cada emoción oscura que surgía. Arrojé el teléfono al otro extremo de la habitación porque mentía. Quería destruirlo; no podía arrojarlo con la suficiente fuerza ni lo suficientemente lejos. Mi mundo se fundió en negro.

A medida que la noticia del accidente se difundió, la casa se fue llenando de gente. Yo estaba dentro y fuera de mi cuerpo, participando y observando. Veía que la gente venía y se iba, y me preguntaba cómo podía haber tantas personas que pudieran estar de acuerdo con algo que no podía ser cierto. Salí fuera para gritar. Sollocé de una forma incontrolable. Tuve episodios en los que insistía en que tenía que encontrar a mi hija y enderezar aquella situación. Nadie podía llegar adonde yo estaba. Nadie podía conectar con los pensamientos que corrían por mi mente.

Los días y las noches que siguieron fueron indescriptiblemente horribles, y me di cuenta de inmediato de que jamás sería capaz de cerrar aquellas grietas en mi corazón. Esta vez, mi corazón no sólo estaba roto; se había hecho pedazos, y nunca se podría arreglar. Tenía la sensación de que había un agujero negro que me llamaba, un pozo sin fondo y oscuro de dolor que se me antojaba abismalmente desolado y, sin embargo, también reconfortante, un lugar de descanso para mi agonía. En una noche especialmente dolorosa, el insomnio me llevó a tomar un papel y un bolígrafo. No tenía ni idea de lo que escribiría; tan sólo sentía que algo me empujaba a sentarme en la oscuridad con ellos, como si en ellos hubiera una minúscula promesa de alivio a mi implacable sufrimiento.

Las palabras comenzaron a fluir a través del bolígrafo. Yo no las pensaba; se escribían solas. Cuando mi mano se detuvo, aparecieron escritos dos poemas que parecían ser mensajes de Jess. El primero se titulaba «Cartas desde el cielo», aunque no daba la sensación de que hubiera sido yo quien le pusiera título. No salía de mi asombro, al leer y releer los poemas, y la habitación estaba inmersa en una indescriptible sensación de paz. Escuché una voz que, instintivamente, supe que era la voz de Dios. Decía, «Mira este agujero». Y, en aquel instante, pude ver el agujero con claridad. Lo veía como a contraluz, aunque no había ninguna fuente luminosa en la habitación.

La voz prosiguió: «El agujero está lleno de oscuridad. Yo sé que quieres ir ahí, y no pasa nada si lo haces. Muchas madres y padres entran, y si ésa es tu decisión todo el mundo lo entenderá. Pero si entras, quiero que sepas que te llevará mucho tiempo salir de ahí, y que existe la posibilidad de que no llegues a salir nunca». La voz desapareció, el agujero desapareció, y me quedé sola.

Allí me quedé, atónita, preguntándome si aquello había ocurrido de verdad, aunque sabía perfectamente que sí. No tenía miedo. Sentía una especie de poder en mi interior. Me di cuenta de que no quería ir allí, que no quería vivir en aquel agujero. Pero ¿cuál era la alternativa? Tomé conciencia poco a poco. Para permanecer fuera del agujero, tendría que hacerme cargo de mis pensamientos. Debería alejarme conscientemente del agujero una y otra vez. Tendría que apartar mis pensamientos de lo que había perdido para orientarlos hacia lo que había ganado.

Tras aquel milagroso intercambio, aunque seguía llorando a mi hija de todas las maneras posibles, sentía algo así como el sabor energético de un cambio. En lugar de dejarme llevar por el pensamiento de «Nunca más podré (insertar cualquier actividad) con Jess», me obligaba a mí misma a pensar, «¡Qué diecinueve años más maravillosos pasamos juntas!». En vez de, «Nunca tendré una hija como ella, optaba por pensar, Pude ser su madre durante todos aquellos años».

Empecé a cuestionármelo todo. ¿Qué es la muerte? ¿Adónde vamos realmente? Si podemos comunicarnos todavía de algún modo, ¿qué sentido tiene todo esto? La pérdida de Jess me abrió el alma en canal como nunca antes, pero pronto me di cuenta de que las grietas imposibles de cerrar tenían algo profundo que ofrecer, pues a través de ellas se estaba filtrando la luz. Las irreparables grietas estaban haciendo un espacio para mis milagros y para mi crecimiento. Estaba rodeada de recuerdos de Jess, desde el mechón de su cabello sujeto con una goma azul, que había guardado en una bolsita de plástico de cierre hermético en la vitrina, hasta la organización benéfica que había puesto en marcha tras su muerte. Sin embargo, aquellos recordatorios ya no me proporcionaban pesar, sino alegría y gratitud por el papel que ella había desempeñado en mi vida, y por el mío en la suya.

Entonces, comencé a escuchar mi corazón y me dejé llevar por él; y, cuando sentí el impulso de reservar un vuelo para ir a una conferencia de Wayne Dyer, no lo dudé un instante. Entré en Internet y descubrí que iba a hacer una presentación en Phoenix aquel fin de semana, en un evento titulado «Celebra tu vida». Nunca había oído hablar de aquel congreso ni tampoco del resto de conferenciantes, pero supe que tenía que ir. Mientras mi hijo me llevaba al aeropuerto, me enseñó un logotipo que había diseñado para mi organización benéfica. Yo le había pedido que diseñara algo parecido a un corazón con una cinta que saliera de él, simbolizando la conexión que los corazones pueden mantener después de la muerte. Aquella conexión era muy importante para mí, y ni siquiera era consciente de que iba camino de un congreso en el que muchos asistentes compartían tal sentimiento.

No tuve que esperar demasiado para que los milagros se materializaran. Después de disfrutar de la presentación de Dyer, la primera charla en la que me metí era para escritores. Gracias a Jess, había empezado a tomarme mis escritos más en serio, y estaba dispuesta a perfeccionar mi arte. El primer milagro tuvo lugar al término de esta charla, cuando descubrí que el conferenciante, un editor llamado Radny Davila, ¡vivía en mi misma pequeña ciudad! (Randy y yo terminaríamos haciéndonos amigos, y él me presentaría a muchos de mis maestros más valorados, incluida Byron Katie).

Cuando llegó la noche del sábado estaba exhausta, saturada de conocimientos novedosos y con ganas de pasarme algún tiempo a solas en mi habitación escribiendo, relajándome y procesando información. Había una última presentación aquella noche, una de las importantes en el congreso, pero ni siquiera me acordaba de quién la impartía, dado que nunca había oído su nombre. No tenía ninguna intención de asistir a aquella presentación pero, mientras pasaba junto a la sala de congresos donde iba a celebrarse, sentí de pronto aquel inequívoco impulso.

Eché un vistazo al interior y me sorprendió ver a casi dos mil personas esperando la llegada del orador. Supuse que no podría encontrar asiento y me di la vuelta para marcharme. Fue entonces cuando me percaté de una mujer que desde las primeras filas me hacía gestos. A pesar del hecho de que yo no la había visto nunca, señalaba un asiento vacío que había a su lado y me sugería con gestos que me sentara allí. Tras aceptar su invitación, me dijo que había estado guardando el asiento para una amiga que acababa de decirle que no iba a venir. Luego, me vio buscando asiento y me hizo gestos para avisarme. Le di las gracias y le pregunté:

—¿Quién da la presentación?

—James Van Praagh –respondió.

A partir de aquel momento, la noche se convirtió en una montaña rusa. Mi nueva amiga me explicó que el conferenciante era un médium, alguien que ayudaba a la gente a hablar con sus seres queridos fallecidos. La mujer tenía entre sus brazos un oso de peluche que había pertenecido a su hijo, muerto de cáncer. Escuchando a hurtadillas las conversaciones que tenían lugar a mi alrededor me enteré de que estaba rodeada de padres y madres que habían perdido a algún hijo o hija y que estaban allí con la esperanza de obtener algún mensaje de ellos.

Quiero dejar claro que, en aquellos momentos, yo no creía en los médiums; que, a pesar de mis propias conexiones milagrosas con Jess, estaba convencida de que cualquier tipo de mediumnidad que tuviera lugar sobre un escenario no era más que una farsa. No obstante, intuitivamente había terminado allí sentada, de modo que decidí quedarme y averiguar de qué iba aquello. James Van Praagh apareció y comenzó a transmitir mensajes. Resultaba todo muy impresionante, pero yo mantenía mi escepticismo. Después de hacer alrededor de seis lecturas, empezó a centrarse en la fila en la que yo estaba sentada. De pronto se centró en la zona donde yo me encontraba, e inmediatamente comencé a sentir un cambio en mi energía. Al principio pensé que se trataba sólo de la respuesta emocional a los mensajes que dirigía a los demás, pero entonces lo oí decir algo de un mechón de cabello guardado en una bolsa de plástico, sujeto con una goma azul. Antes incluso de plantearme la posibilidad de levantar la mano, pregunté (en mi cabeza), «Jess, ¿eres tú?».

Desde el escenario, James dijo:

—Y ahora hay alguien que dice, «¡Mamá! ¡Mamá! ¡Soy yo!».

Como pude, levanté la mano y me puse de pie. Una de las personas que llevaba los micrófonos me vio y se aproximó. James me miró y dijo:

—¡Ohhh, eres tan dulce! Tengo la sensación de que hay una cinta que sale de tu corazón y se introduce en el mío.

No me podía creer aquello. ¡Estaba describiendo mi logo! Y había hablado del mechón de pelo de Jess que guardaba en la vitrina, hasta el punto de detallar que estaba sujeto con una goma azul.

Yo no pronuncié ni una palabra, pero él me dijo que mi hija estaba allí, y que era una estudiante de universidad que había muerto en un accidente de tráfico con diecinueve años.

—¿Acaso las palabras «cartas desde el cielo» tienen algún significado para ti? —me preguntó.

Cuando le dije que ése era el título de un poema que Jess había escrito a través de mí tras su fallecimiento, me dijo:

—¡Ahora estás haciendo que alucine yo!

Comentó que estaba escribiendo un libro y que él había escrito esas mismas palabras en el último capítulo, pero que no sabía por qué lo había hecho ni qué podrían significar. (James incluiría después mi poema, «Cartas desde el cielo», en aquel capítulo de su libro).

A mí me habían inculcado la fe católica, por lo que yo no era una creyente natural de lo que estaba ocurriendo allí; de modo que intentaba averiguar cómo podía saber las cosas que me estaba diciendo. Una parte de mí quería mantener el escepticismo, pero las evidencias no cesaban.

James comentó que Jess le estaba diciendo que quería que yo siguiera el consejo que aparecía grabado en mi anillo nuevo. Claro está que James no podía saber que, en aquel mismo momento, yo guardaba en un bolsillo un anillo de plata que había comprado recientemente por su hermosa inscripción interior: «Vive por lo que crees, no por lo que ves».

También dijo que Jess le estaba mostrando un artículo que había escrito, algo de lo que se sentía muy orgullosa. Antes del accidente, Jess había escrito un hermoso artículo en la universidad y, tras su muerte, la facultad donde estudiaba lo había publicado en una recopilación de escritura creativa. Jess se lo estaba mostrando a James para que me dijera que ella era consciente de este éxito y que lo estaba disfrutando.

James me preguntó si era escritora, y rápidamente le dije que no.

—Sí, sí que lo eres –me dijo–. Tú y yo vamos a ser amigos durante mucho tiempo.

Y aquí estoy yo ahora, después de escribir un capítulo de su libro y desarrollando una carrera como escritora y conferenciante para ayudar a los demás a sufrir menos, a sanar mejor y a comprender las cosas que aprendí yo a través de mi desolación.

Pero lo más importante de todo lo que he aprendido es que cuando la vida te resquebraja el corazón de manera irreparable es también una bendición. Las personas que se esfuerzan demasiado para taponar las grietas se pierden aquella magia a la que sólo pueden acceder quienes hacen las paces con sus grietas y aprenden a vivir con el corazón verdaderamente abierto. Las grietas están ahí para dejar espacio para la expansión; expansión del conocimiento, la intuición, la esperanza, la compasión y, especialmente, el amor.

La muerte de Jess me enseñó a vivir. Las grietas de mi corazón me abrieron a una vida que adoro, llena de oportunidades que jamás habría imaginado. Antes de que se me partiera el corazón, yo nunca había tenido el coraje de escribir, ni de sentirme inteligente, ni hermosa. En la actualidad, hay en mi interior un fuego inextinguible. Me he enamorado de la vida, de toda la gente, de Dios. Incluso me he enamorado de mí misma. He hecho las paces con mi pasado y me he hecho amiga de mi futuro. Por primera vez en mi vida, me siento valiente. Sé que tengo un trabajo que hacer, y con cada día que pasa me preocupa menos lo que puedan pensar de mí. Ahora escuchó a mi corazón y veo con la mente. Gracias a mis milagrosas grietas soy una persona mejor. No tengo miedo a morir, pero lo más importante es que no tengo miedo a vivir. Todas estas bendiciones llegan como consecuencia directa de la muerte de mi preciosa hija.

No se nos creó para vivir en la desesperación. Si el mundo te parte el corazón, deja en paz esas grietas. Deja que todas ellas te proporcionen las aberturas por las cuales se disipará la oscuridad y se introducirá la luz. Permite que las milagrosas grietas iluminen tu extraordinario sendero.

❧ 26 ❧

La Avenida del sometimiento

Jacob Nordby

Desde el asiento del conductor de un furgón alquilado de la compañía U-Haul, observaba cómo la serpiente negra de la carretera se arrastraba por la superficie del desierto. Los diablos de polvo que se arremolinaban a ambos lados de la carretera eran la contrapartida exacta del caos de pensamientos que bullía en mi cabeza.

«¿Adónde voy?».

«¿Por qué estoy haciendo esto?».

«¿Qué ocurrirá cuando llegue allí?».

Era agosto de 2009, y la carretera llevaba a Austin, Texas. Dejaba tras de mí un montón de sueños rotos y de pesares en mi ciudad natal de Boise, Idaho.

Una vida que otrora había tenido sentido había saltado en mil pedazos hasta ser irreconocible. El hogar, la reputación y los negocios que había construido a lo largo de años habían desaparecido, volado por los aires durante la crisis financiera que había barrido el planeta. Lo único que quedaba eran unos cuantos objetos de casa que había podido meter por los rincones del furgón de mudanzas. La que era mi esposa por entonces y nuestros tres hijos pequeños vendrían detrás en nuestro automóvil, y yo me había quedado a solas con mis pensamientos y el murmullo de los neumáticos en la carretera.

«¿Qué va a ser de nosotros?», me preguntaba una y otra vez mientras recorríamos los kilómetros.

Yo sólo había estado una vez en Austin. No tenía amigos ni contactos, ni me esperaba empleo alguno; nada, salvo una brújula interior que apuntaba en aquella dirección. Antes de marcharnos de Boise, mis amigos habían venido a desearnos lo mejor y a preguntarnos:

—¿Y qué hay en Austin?

Y yo les ofrecía mi ensayada respuesta con una mueca de confianza que en modo alguno sentía.

—Voy a pulsar el botón de reinicio. Ya sabes, escribir un nuevo capítulo en mi vida.

Lo cierto era que no tenía ni idea. Tan sólo esperaba que mi intuición me guiara hacia algo mejor de lo que dejaba atrás. Al menos, eso parecía, pero los espejismos de lagos que brillaban en la distancia en la carretera también parecían reales. Cada vez que me dejaba llevar por las incertidumbres de nuestra situación, el corazón se me agarrotaba en el pecho y me notaba el estómago revuelto.

Al cabo de varios días de dura conducción llegamos a Austin, acalorados, exhaustos y no deseando otra cosa que un hogar. Pero esto presentaba un serio problema. Dado que aún no teníamos empleo, todos los agentes de las inmobiliarias y los gestores de los complejos de apartamentos nos decían:

—Nos encantaría ayudarles, pero no podemos hacer nada hasta que puedan demostrar una fuente de ingresos.

Nos hallábamos en una ciudad extraña y sin perspectivas de un lugar para vivir. Los niños estaban a punto de empezar las clases, pero no los podíamos matricular sin tener un domicilio permanente. Nuestros ahorros no durarían si nos veíamos obligados a alojarnos mucho tiempo en el hotel, pero no se nos mostraba ninguna solución. Los niños jugaban felices en la piscina, bajo la sombra de un roble, mientras su madre y yo nos acurrucábamos en las sillas de alrededor mientras hablábamos de nuestra situación con desesperados susurros. Más tarde, mientras comíamos sándwiches de fiambre, del que viene envasado en contenedores de espuma de poliestireno, veíamos películas e intentábamos fingir que todo era normal.

Al día siguiente estábamos en un parking al norte de Austin viendo revistas de inmobiliarias. Como no sabíamos qué más podíamos hacer, le dije a todo el mundo que se abrochara el cinturón y me puse a conducir. La presión que sentía ante la necesidad de encontrar una solución, y rápido, me generaba un nudo de temor en el estómago.

Cuando debíamos de haber recorrido unos cuantos kilómetros sentí una presencia invisible junto a mi hombro. No sabía quién o qué era, pero me generó cierta sugestión de paz. «Pide lo que necesites. Confía. Simplemente, suéltalo todo y deja que te ayudemos. Sométete».

A pesar de mis dudas, estaba desesperado por encontrar una solución, de modo que respiré profundamente y le dije en silencio a mi yo superior: «Tú nos has traído hasta aquí por motivos que no alcanzo a comprender. No dispongo de la claridad suficiente como para ver el sendero que se extiende ante nosotros, pero me someto a tu sabiduría y te pido que nos guíes en este momento».

La siguiente calle por la que se podía salir desde la carretera principal llegó a nuestra izquierda, y sentí que debía meterme por allí. A la vuelta de la esquina nos encontramos con una casa que parecía perfecta, con un letrero de «Se alquila» en la fachada. Era una pequeña casa de ladrillos con un árbol grande delante que hacía sombra sobre el césped. El barrio parecía ordenado y bien cuidado, construido en torno a un amplio parque. El único obstáculo seguía siendo que no teníamos empleo.

Llamé por teléfono a un número que no pertenecía al estado, el número que figuraba en el letrero, y le expliqué al propietario de la casa nuestra situación con toda sinceridad. El hombre nos aceptó como inquilinos y, al día siguiente, ya fuimos a vivir a la casa. Mientras metía marcha atrás el furgón de mudanzas por la callejuela que llevaba a nuestro nuevo vecindario, me fijé en el letrero verde en el que figuraba el nombre de la calle.

El corazón dejó de latirme una o dos veces cuando vi cómo se llamaba aquella calle: «SURRENDER AVENUE», Avenida del sometimiento.

Durante casi tres años, mientras vivimos en Austin, yo giraba en Surrender Avenue a diario, cada vez que iba y venía del trabajo, recordándome así que podía confiar en la sabiduría y el amor del universo, aunque me encontrara en un momento de gran ansiedad.

Mi situación no mejoró de repente. El camino hacia la sanación y la estabilidad lleva su tiempo. Me enfrenté a la realidad de la vida sin los sueños ni los planes que en otro tiempo me habían motivado. De hecho, no estaba seguro de si recuperaría alguna vez mi optimismo o la resistencia que habían alimentado mis logros previos. Paso a paso, descubrí los dones y la sabiduría ocultos en esas circunstancias.

Una serie de trabajos a tiempo parcial nos mantuvo a flote, permitiéndonos pagar las facturas y proporcionándome el suficiente espacio y tiempo libre para dar a luz mi sueño de escribir, largo tiempo oculto. Fue en esta época cuando escribí la mayor parte de mi primer libro. Cada día, con otro paso adelante de honestidad, el sendero se elevaba para encontrarse con mis pies de formas inesperadas.

Aprendí a prestar atención a las muchas y sutiles maneras en que habla el universo, dejando caer pistas e indicaciones a su paso. Aparecieron nuevas personas y oportunidades como guías y maestras para ayudarme a encontrar mi propio camino a casa. Poco a poco, la vida emergió del valle de las sombras y de la muerte, y descubrí que someterse no es rendirse en absoluto sino el pórtico hacia el verdadero poder.

Muchos años después, tras regresar a mi ciudad natal, acurrucada en las montañas de Idaho, si alguien me preguntara dónde aprendí las lecciones más importantes de mi vida, tendría que desplegar un mapa y señalarle la Avenida del Sometimiento de Austin, donde en otro tiempo viví.

❧ 27 ❧

Un ángel disfrazado

Shanda Trofe

Hay secciones de la autopista interestatal en Michigan en las que puedes conducir durante kilómetros y kilómetros por una carretera bordeada de árboles y no ver ni una sola salida ni encontrarte con vehículo alguno. Al menos, así era cuando hacía el largo recorrido que me llevaba del trabajo hasta mi casa, a cuarenta y cinco minutos de distancia. No recuerdo si fue el hecho de haber trabajado en el último turno de la noche lo que hizo que me sintiera aturdida, o si fue la música de la radio la que me llevó a perderme en mis pensamientos, pero lo cierto es que no se me ocurrió mirar el indicador de la gasolina y, de pronto, el motor comenzó a renquear cuando me encontraba en aquella oscura y desolada carretera.

«No, por favor, esto no me puede estar sucediendo. Ahora no», pensé.

Nos hallábamos a mitad del invierno, y la temperatura estaba por debajo del nivel de congelación. Angustiosos pensamientos comenzaron a recorrer mi cabeza mientras el pánico se apoderaba de mí. Sin un móvil ni salida alguna en las cercanías, me vería obligada a realizar una larga caminata sobre la nieve, sin botas ni guantes para protegerme del frío glacial.

Claro está que lo primero que hice fue pedir ayuda a los ángeles. En medio del pánico, grité que, por favor, me permitieran llegar hasta la siguiente salida, pero eso era improbable, ya que el coche comenzó a reducir la marcha cuando faltaban todavía algunos kilómetros. Aunque el pedal del acelerador no respondía a mi insistente pie, el empuje del motor me llevó milagrosamente durante otro kilómetro y medio, hasta la única farola existente en la oscura autopista, la cual iluminaba una báscula de camiones ahora abandonada.

Casi al instante, en el mismo momento en que el motor se rindió y mi auto se detuvo, unos faros también se detuvieron detrás de mí, como si surgieran de la nada. En ese instante, me asaltaron emociones contrapuestas, esperanzada por el hecho de que alguien pudiera ayudarme, aunque al mismo tiempo confusa puesto que me preguntaba de dónde podría venir aquel automóvil, dado que yo no había visto a nadie detrás durante todo el trayecto.

Sin tiempo para preocuparme por quién pudiera ser, me bajé del auto y fui corriendo hasta el otro vehículo. El caballero, que parecía tener cuarenta y tantos años, bajó la ventanilla y me preguntó si necesitaba ayuda. Le dije que me había quedado sin gasolina, y él sacó su placa y me la mostró. Era un oficial de policía fuera de servicio dispuesto a ayudarme, pero primero tenía que mostrarle yo mi carnet de conducir para demostrarle que era quien afirmaba ser. Así lo hice, y él, a su vez, me extendió un papel con su nombre y su número de placa para confirmar su identidad.

Aliviada al saberme a salvo, cerré mi coche con llave y me subí en su cálido SUV. Al echar la vista atrás, considero que quizá no fuera muy inteligente por mi parte subirme en el coche de un completo extraño en mitad de la noche; pero, si tenemos en cuenta las circunstancias, no tenía otra elección. Además, aquel hombre me había transmitido una clara sensación de calidez y sinceridad, cosa que hizo que confiara en él. Mi intuición me decía que estaba a salvo, y estuvimos charlando brevemente mientras me llevaba a casa. Me dijo que formaba parte de la policía local de mi zona. Como era una ciudad pequeña, nosotros conocíamos a algunos de esos oficiales de policía. Charlamos también acerca de algunos de nuestros conocidos comunes y, al cabo de un rato, me dejaba delante de mi casa. Le aseguré que despertaría a alguien para que me ayudara a conseguir gasolina para mi coche y, tras esto, partió mientras me saludaba con la mano. Se había ido tan rápido como había llegado.

Telefoneé a un amigo y le conté lo que me había ocurrido, y me dijo que estaba loca por haberme subido en el coche de un extraño en mitad de la noche. Mi amigo trajo un bidón de gasolina y me estuvo dando el sermón durante todo el trayecto de vuelta, mientras rellenábamos el tanque de gasolina del y mientras me subía a mi coche y lo ponía en marcha. Curiosamente, no llegó a pasar ningún otro automóvil en todo aquel tiempo.

Al acomodarme en mi asiento de nuevo, me sentí profundamente agradecida al pensar en lo sucedido aquella noche. Mi automóvil había conseguido llegar a la única farola que iluminaba la carretera en muchos kilómetros a la redonda. Fui rescatada al instante, en el mismo momento en que mi coche se había detenido, y me dejaron en casa sana y salva, sin tener que caminar kilómetros y kilómetros bajo el glacial frío de la noche.

«Pero ¿de dónde había salido aquel SUV?», me preguntaba.

Al día siguiente, telefoneé a la comisaría de la policía local y pregunté por mi héroe. Les dije que estaba muy agradecida por su amable gesto y que quería darle las gracias de nuevo. Pero, para mi sorpresa, me dijeron que no había nadie en comisaría con aquel nombre.

—Hmmm. ¡Qué extraño! Quizás haya habido un error en la transcripción del nombre. Su número de placa era éste.

—No, lo siento. No hay nadie aquí con ese nombre.

¿Cómo podía ser? Me había dicho el nombre de la comisaría y el de su sargento, al cual yo también conocía. Teníamos muchos conocidos en común, y charlamos acerca de ellos durante el viaje. Evidentemente, la placa era real, y parecía un hombre muy amable y muy gentil, no podría haber sido un depredador nocturno porque, de ser así, se habría aprovechado de la situación.

Entonces es cuando supe que sólo existía una explicación lógica.

Se dice que el arcángel Miguel es el patrón de la ley y el orden. El arcángel Miguel, cuyo nombre significa «el que es como Dios», es el protector que vela y nos protege cuando lo llamamos. A muy tierna edad aprendí a llamar a los ángeles cuando necesitaba ayuda, o bien como protección diaria en general.

A medida que iba encajando las piezas, todo tenía sentido. En el momento en que mi automóvil comenzó a renquear, convoqué a los ángeles pidiendo ayuda. Conseguí recorrer otro kilómetro y medio más, sin gasolina, hasta que me aproximé a la única farola existente en aquel largo y oscuro tramo de la interestatal. En el mismo momento en que el coche se detuvo, unos faros aparecieron de la nada detrás de mí. Un policía fuera de servicio había acudido en mi rescate. Un extraño sumamente amable que me había dejado en casa y luego había desaparecido para siempre, alguien a quien el resto de los oficiales de policía de la zona no conocían.

No he olvidado aquella noche, ni tampoco la sincronicidad de los acontecimientos que tuvieron lugar en ella. Soy de esas personas que llama a los ángeles, pero nunca había visto físicamente a un ángel. Con frecuencia nos preguntamos si de verdad están ahí, esperando a que ejercitemos nuestro libre albedrío y a que les permitamos ayudarnos y orientarnos.

Quizá los ángeles no siempre aparezcan bajo la forma de entidades aladas, como se les suele representar en los dibujos y en el folklore. Quizá caminan por la Tierra entre nosotras a diario, con el único propósito de ayudar a todas las personas que lo necesitan. Quizá adoptan la forma humana en las ocasiones en que les pedimos ayuda. Sea como sea, estoy convencida de que los ángeles están esperando siempre, dispuestos a ayudarnos, a protegernos y orientarnos en nuestra vida diaria.

Este suceso fue el que me llevó a marcarme la misión de enseñar a los demás todo cuanto pudiera acerca de los ángeles, que siempre están ahí para ayudar y ofrecer su guía toda vez que les llamamos. Los ángeles pueden ayudarnos en todos los aspectos de nuestra vida, pero primero tenemos que invitarles a intervenir, dado que disponemos de libre albedrío.

Yo he tenido muchas experiencias milagrosas desde aquella fría noche de invierno hace muchos años. Y esta historia me sirve de recordatorio para recordar que, si alguien se ve alguna vez en una situación en la que parece no haber salida alguna, en la que se encuentra en peligro o simplemente necesita alguna intervención divina, siempre puede llamar a los ángeles. Fíjate y verás que en todas las ocasiones aparece alguien al rescate.

Puede que se trate de un ángel disfrazado.

❧ 28 ☙

Vida después de la muerte

Heidi Connolly

Yo sé lo que son los milagros. Y lo sé porque los veo a diario, y porque algunos de ellos me suceden a mí. Supongo que se podría decir que yo soy la prueba, o que mi vida es la prueba, o que mi misma existencia es la prueba. Ha habido tantos milagros en mi vida que elegir sólo uno para escribir sobre él y decir que ése es el «más grande» sería como querer más a un hijo que a otro. No obstante, éste es un dilema que le deseo a todo el mundo.

Yo quise mucho a mi marido, Randy Michael Connolly hasta que la muerte nos separó. Le quería tanto que sentí que yo había muerto con él. En diciembre de 2013, yo llevaba poco más de un año orando por mi propia muerte, aunque no había tenido el valor de quitarme la vida y era consciente de que quizá nunca pudiera hacerlo, por muy desolada que estuviera. Lo único que me hubiera podido sacar adelante, tal como lo veía entonces, era un milagro. Necesitaba algún tipo de evidencia concreta y medible de que Randy seguía estando conmigo, tal como había prometido que haría antes de fallecer.

Noche tras noche de llanto no habían mitigado ni mi desesperación ni mi depresión. Tampoco me había enterado de que había gente a mi alrededor que estaba escuchando a Randy, en forma espiritual, aunque de manera clara e irrefutable. Sin duda, yo apreciaba los mensajes de cariño, por indirectos que fueran. Pero ¿y yo? ¡Yo era su esposa, maldita sea! ¿Acaso no merecía escuchar esos mensajes directamente desde su origen?

Por último, una noche, una noche como todas las demás, mientras dormía, después de horas de angustia dando vueltas (no soy una estoica), me desperté a las 3 de la madrugada al escuchar una sonora voz. La resonante voz me decía que cogiera un bolígrafo y que me pusiera a escribir. Aunque no sabría decirte por qué ni cómo, todas las células de mi ser sabían que aquella voz desencarnada pertenecía a mi marido fallecido. De lo que no era consciente en aquel momento era que el resultado de aquello, y de la siguiente media hora que pasé tomando notas, se convertiría en la base del primer libro que escribiríamos juntos a través de la «escritura espiritual», *Crossing the Rubicon: Love Poems Past the Point of No Return* (*Cruzando el Rubicón: Poemas de amor desde más allá del punto de no retorno*).

Quizá pienses que voy a decir que el milagro fue que Randy, en forma espiritual, me despertó y me descargó un libro de poemas, junto con una casi instantánea comprensión sobre el modo de establecer una nueva relación con tu ser querido tras su fallecimiento y cómo escribir acerca de eso para que otras personas puedan comprenderlo y beneficiarse de ello. Quizá pienses que el milagro es que, desde aquella noche, he sido capaz de comunicarme con Randy, con el hermano fallecido de la chica que me hace la manicura, con el marido muerto de la amiga de mi madre y con otros muchos seres espirituales que desean hablar con sus seres queridos. En cualquiera de estos casos tendrías razón pero, si he de ser sincera, el milagro más profundo e impactante es que, sin el regalo del fallecimiento de Randy, yo jamás habría descubierto la brillante práctica de la creación consciente, que ha terminado convirtiéndose en mi nueva forma de vida.

¿Acaso es posible reconocer un milagro, incluso una bendición, mientras sientes que te están destrozando? ¿Cuando tu alma no puede ver la proverbial luz al final del túnel, ni aunque estuviera envuelta en el resplandor de cada una de las estrellas del firmamento? ¿Cuando tu corazón jadea buscando un poco de aire para sobrevivir un minuto más, una hora más, un día más? Mi respuesta a todo esto AMR (antes de la muerte de Randy) es: en absoluto. Mi respuesta DMR (después de la muerte de Randy) es: por supuesto, aunque estés agonizando. Porque en cuanto tu agonía se ve imbuida de conciencia, de la frecuencia del amor incondicional, de la vibración de la verdad y de la resonancia de la sabiduría, ya nada vuelve a ser igual.

Para mí, aquella noche, incluso mientras estaba escribiendo en la oscuridad, sollozando sobre las páginas de un viejo cuaderno de notas rayado, con la vista nublada por falta de sueño, con miedo y con la sensación de haber sido abandonada a mi suerte en un mundo en el que ya no podía encontrar sentido, yo era del todo consciente de que sentía un positividad diferente que nunca antes había sentido. Incluso en aquel estado, sintiéndome abrumada, sabía que estaba viviendo algo tan enorme, tan poderoso, que, aunque no podía ponerle nombre en aquel momento, sí sentía cómo florecía en mi interior, con tanta certeza como que tengo una cicatriz casi invisible en la parte interior de mi muslo, que me hice en un accidente de moto cuando estaba en el instituto. Era como si yo siempre hubiera tenido eso que estaba floreciendo –que siempre lo había sabido, siempre lo había sentido–, pero que desde entonces ya no podría dejar de reconocerlo ni de valorarlo.

La ola de amor incondicional que fluyó a través de mí llegó bajo la forma de frases y rimas completas, en una conversación íntegra. Llegó con la vibración de la verdad, a través de la voz de mi marido fallecido, que siempre había valorado la integridad por encima de todo. Llegó con la resonancia de la sabiduría, como un conocimiento nuevo al cual se me invitaba a creer, aceptar y compartir. Llegó con la certeza de que, aunque llorara, y aunque la mina de mi lápiz desapareciera escribiendo, nunca volvería a ser la misma.

Y es cierto: nada ha vuelto a ser igual desde aquella noche. Ya no necesito fingir que lo tengo todo bajo control, ni tampoco que la vida tiene sentido. No lo tengo todo bajo control y la vida no tiene sentido. Esto es, precisamente, lo que hace que los milagros sean tan… milagrosos. Ahora comprendo que todo nuestro empeño por controlar, arreglar, persuadir, maniobrar, manipular, empujar y orar no hace otra cosa que bloquear los milagros. Cuando se mira a través de la lente de la retrospección, no cuesta nada ver que éstos son fruto de la fe, no de la fuerza.

Cuando conocí a Randy, después de pasar mis primeros cuarenta años en este planeta, supe que aquello era un milagro. Las circunstancias fueron demasiado extrañas, del todo sin precedentes. Estuvimos de acuerdo en que ambos habíamos sido muy afortunados. Habíamos rezado por un milagro, y lo conseguimos. Nada más que añadir.

Después, él murió, y yo me vi obligada a preguntar qué tenía aquello que ver con nuestro supuesto milagro. ¿Me había equivocado? ¿Nos habíamos equivocado? ¿Había sido un milagro fallido? ¿Me había engañado a mí misma? Si Dios quería que fuera feliz, ¿por qué me arrebataba a la única persona que me hacía feliz? ¿Qué clase de antimilagroso milagro era ése? ¿Acaso algo que en un momento determinado parecía un milagro de luz y amor podía convertirse en algo oscuro, algo que ya no pareciera milagroso?

Yo no conocía la respuesta, pero la pregunta en sí es lo que me llevó a profundizar en unas esferas en las que nunca me había aventurado. Exploré el karma, la vida tras la «muerte», las vidas pasadas y la creación consciente. Acepté lo que se ha dado en llamar tan acertadamente «la noche oscura del alma». Me dejé llevar por las personas que habían tenido experiencias similares y que me animaban a creer que saldría a la luz de nuevo por el otro lado. Con el tiempo, aprendí que mi «sensibilidad» era simplemente el código para ser una médium con el mundo de los espíritus, y que si trabajaba esa capacidad me convertiría en maestra de otras personas sensibles. Finalmente, y en última instancia, descubrí que los milagros se hallan en el ojo de quien los contempla.

El milagro es que ahora comprendo que yo hice un contrato con Randy y que ambos acordamos ser pareja en esta vida con el fin de que aprendiera que alguien (yo) podía amarle y, de hecho, le amaría incondicionalmente.

El milagro es que Randy me está ayudando ahora a aprender, desde el otro lado del velo, que confiar y tener fe en lo que no puedes ver es el medio a través del cual influimos en la energía que determina todo lo que nos ocurre a diario.

El milagro es que he aprendido a cuestionarme cada una de las creencias que en otro tiempo tuve, profundizando así en mi comprensión de que el mundo del espíritu está siempre comunicándose con nosotras, y que depende exclusivamente de nosotras aprender a escuchar; y el milagro es que yo pueda compartir todas estas cosas con los demás.

El milagro es que he encontrado el amor de nuevo.

¿Que cuál es el mayor milagro de todos, me preguntas?

Es muy fácil: que existe vida después de la muerte, a ambos lados del velo.

Acerca de los autores

Thea Alexander

Thea Alexander es una psicóloga espiritual dotada de una profunda intuición, además de escritora y una médium espiritual que realiza regresiones a vidas pasadas. Le apasiona compartir sus experiencias y ayudar a los demás a descubrir la Divinidad interior, por lo que una buena parte del trabajo de Thea consiste en establecer un puente entre la condición humana y la espiritualidad.

La doctora Thea experimenta fenómenos psíquicos desde la infancia, y lleva más de veinte años facilitando sanaciones a nivel anímico, ayudando a las personas a desarrollar y profundizar su conciencia espiritual. Su conexión con el Espíritu transmite la certidumbre de que el viaje del alma continúa más allá del plano físico.

Conecta con ella en www.drtheaalexander.com

Mandy Berlin

Mandy Berlin tiene un Máster en Educación, y es escritora, maestra, intuitiva y científica jubilada. En 1987 culminó se doctoró en psicología educativa en la Universidad Estatal de Arizona. Su tercer libro, *Death Is Not "The End": One Agnostic's Journey on the Bumpy Road to Belief* (*La muerte no es «el final»: El viaje de una agnóstica por el escabroso camino de la creencia*) es una crónica de la epifanía que Berlin tuvo tras la muerte de su marido, así como de otros seres queridos poco después. Los extraños fenómenos que pudo presenciar de primera mano la convencieron de que la otra vida nos espera a todas.

Conecta con ella en https://mandyberlin.wordpress.com

Heidi Connolly

Heidi Connolly incorpora su conexión con el espíritu en todo lo que hace como escritora, editora, asesora en autopublicación, intérprete musical y *coach* intuitiva. Su empresa, Harvard Girl Word & Music Services, ofrece un enfoque muy singular, basado en su larga experiencia e intuición. Es autora de varios libros, entre los cuales se incluye *Crossing the Rubicon* (*Cruzando el Rubicón,* escrito en compañía de su marido tras la muerte de éste), que incorpora, en la versión audio, su inspiradora e improvisada música de flauta.

Heidi dirige talleres innovadores sobre «escritura espiritual» (escribir al dictado de personas que ya han fallecido) y escritura con intención consciente, organiza regularmente el Bandon Afterlife Meetup (Reunión Bandon de la Otra Vida) y presentó una «Dead Ted Talk» (Charla TED sobre los muertos) en el Congreso de la Conciencia Post-mortem 2015. Ha sido entrevistada en el *podcast* de «Dance to Death Afterlife» y en la Expo de la Muerte 2015 de la Dra. Karen Wyatt. Heidi vive, ciertamente, una vida de milagros y revelaciones.

Puedes encontrarla en www.heidiconnolly.com

Ellen Cooper

Con un Máster en Trabajo Social, enfermera diplomada y máster en Enfermería, Ellen Cooper es también escritora y conferenciante. Actualmente, está escribiendo sus memorias, en las que ofrece una crónica de sus experiencias personales como hija adoptada, habla de la búsqueda de su familia biológica y describe sus experiencias como madre adoptiva. Con ello pretende ofrecer información que permita comprender mejor los diferentes aspectos de la adopción, al tiempo que explora los complejos problemas relativos a las cuestiones de identidad, espiritualidad, amor y familia.

Ellen forma parte de la junta directiva de Adoption Advocates, Inc, una agencia de adopciones con sede en Austin, Texas, y de Adoption Knowledge Affiliates, una organización educativa y de apoyo para cualquier persona cuya vida se haya visto involucrada en el mundo de la adopción.

Ellen vive en Austin, con su pareja. Tiene dos hijos, Hannah y Grant, y un nieto, Camden.

Visita su página web en: www.ellencooperauthor.com

Jean Culver

Jean vive en la soleada California, cerca de sus tres hijos y dos nietos. En la actualidad, está escribiendo unas memorias en las cuales detalla sus experiencias como madre de un hijo dotado espiritualmente.

Conecta con ella en http://jeanculver.com

Kim Dayoc

Kim Dayoc es escritora, comediante, educadora, conferenciante motivacional y asesora. Tras haber pasado la mayor parte de su adolescencia sin un hogar estable, Kim ha visto cosas que la mayoría de la gente no ve y ha optado por considerar la parte divertida de esas situaciones. Kim ha demostrado también sus dotes de interpretación en el programa de entrevistas de la televisión *The View* (La visión) y ha compartido escenario con grandes de la comedia como Carlos Mencia, Ron White, Lewis Black y otros muchos.

Hoy en día trabaja en un libro basado en sus reflexiones espirituales, y dedica parte de su tiempo a impartir charlas en institutos y convenciones. Si deseas más información sobre su trabajo, visita su blog, The Right Side of 50 (Lo bueno de los 50), en https://kimkerley. wordpress.com

Laurel Geise

Laurel Geise tiene un máster en Administración de Empresas y un doctorado en Teología. Es una solicitada conferenciante, escritora y asesora empresarial que fomenta la escucha y el entrar en sintonía con los llamamientos del alma para hacer realidad el tipo de vida que el alma pide. La Dra. Laurel es la líder del pensamiento evolutivo del movimiento Soul-Guided Living (Una vida dirigida por el alma) y la popular presentadora de *Soul-Guided Living*, un programa de radio semanal en el que intervienen numerosos expertos en el campo de la transformación personal.

Laurel es autora de un buen número de libros de inspiración, como *The Jesus Seeds: Igniting Your Soul-Guided Life* (*Las semillas de Jesús: Pon en marcha una vida dirigida por tu alma*), *The Book of Life: Universal Truths for a New Millennium* (*El libro de la vida: Verdades universales para un nuevo milenio*), *The New Laws of Spirit* (*Las nuevas leyes del espíritu*) y *Prophetic Leadership: A Call to Action* (*Liderazgo profético: Una llamada a la acción*).

Laurel recorre el mundo hablando de Soul-Guided Living y asesorando a líderes empresariales en el tema del Soul-Guided Leadership (liderazgo dirigido por el alma). Cuando no está de viaje, reside en St. Petersburg, Florida.

Conecta con ella en www.laurelgeise.com

Chelsea Hanson

Chelsea Hanson es reconocida a nivel nacional por su trabajo como educadora del duelo, y como *coach* de vida y profesión para mujeres en duelo.

Además, es autora de seis libros y fundadora de la tienda online de tributos y regalos conmemorativos With Sympathy Gifts and Keepsakes (Con regalos y recuerdos de simpatía) (www.withsympathygifts.com).

Tras la muerte repentina de ambos progenitores, Chelsea desarrolló su característico sistema, el Loss to Legacy Method™ (Método de la Pérdida al Legado), un programa que transforma el duelo profundo en una reveladora sanación. Su misión consiste en dirigir a los afligidos a través de este singular enfoque transformador para reconciliarse con su pesar mientras siguen honrando la memoria de los seres queridos fallecidos. Sus programas de apoyo orientan a los supervivientes para que vivan una vida con propósito, valorando cada nuevo día.

Los libros de Chelsea, los programas de apoyo al duelo y la tienda online han sido utilizados por más de 700 funerarias en todo Estados Unidos y Canadá.

Encuéntrala en http://chelseahanson.com

Jodie Harvala

Jodie Harvala es una instructora y *coach* psíquica con una gran visión de futuro y amante de los espíritus. Es, asimismo, fundadora de la Escuela del Espíritu.

A Jodie le encanta enseñar a conectar sin temor con el Espíritu y experimentar el Espíritu en los momentos cotidianos y sagrados de la vida. A través de su Escuela del Espíritu, comparte herramientas e ideas para conectar con el Espíritu a diario y crear tus propias experiencias mágicas. Las participantes parten con una novedosa perspectiva respecto a los próximos pasos de su viaje personal aquí en la Tierra.

Para más información sobre Jodie y la Escuela del Espíritu, visita www.jodieharvala.com

Karen Hasselo

Karen Hasselo, *coach* de vida espiritual diplomada, es la fundadora de Spirit First Coaching, además de instructora de talleres en el Alive Center, en Naperville, Illinois. Tras ser diagnosticado su hijo de autismo en 1994, Karen pasó por «la noche oscura del alma», que la impulsaría al desarrollo de sus métodos de sanación psicoespiritual. Su misión consiste en sembrar la confianza y fortalecer a las madres que tienen que ocuparse de niños con necesidades especiales a lo largo de toda su vida. Karen ha pasado dieciséis años como trabajadora social clínica, especializada en adolescentes. Tiene un máster en Trabajo Social por la Universidad de Chicago y es graduada del Centro de Aprendizaje Holístico de Nueva Jersey. También ha colaborado en la autoría del libro *No Mistakes!: How You Can Change Adversity into Abundance* (*Sin errores: Cómo puedes transformar la adversidad en abundancia*). Contacta con Karen en www.spiritfirst-coaching.com

Vicki Higgins

Como directora ejecutiva de Turn Your Stress Into Success (Convierte tu estrés en éxito) y cofundadora del programa «Amazing Over 40° Health Coaching» (*Coaching* para una salud sorprendente más allá de los 40 años), Vicki es diplomada en Transformación de Vida y Salud, además de ser una conferenciante y asesora internacional en la transformación del estrés como catalizador para el cambio. Su asesoramiento, basado en la neurociencia, profundiza en el poder de la mente y del espíritu interior divino para recuperar el control de la salud y transformar la vida.

Después de veinte años de desempeñar una exitosa carrera empresarial como vicepresidenta ejecutiva y directora de marketing, Vicki se sintió atrapada y frustrada en el círculo vicioso del estrés. Abandonó su trabajo y estudió con personas como John Assaraf (su mentor personal) y el Dr. Joe Dispenza para descubrir el sorprendente secreto que los ejecutivos ocupados están buscando: que el estrés sólo es malo para ti si tú crees que es malo para ti.

Después de participar en la autoría del libro *No Mistakes!: How You Can Change Adversity into Abundance*, Vicki ha aparecido también en programas de radio y televisión, e imparte cursos online y talleres presenciales sobre transformación de vida y salud en todo el mundo. Vicki es adicta a las aventuras y los viajes, al yoga y el excursionismo, y disfruta del tiempo de calidad que pasa con sus amigos y familia (¡en la que incluye a su gata, Izzy!).

Visita http://vickihiggins.com si deseas más información.

Kathy Jackson

La sorprendente experiencia espiritual de Kathy tras el fallecimiento de la madre de su pareja, Nola, en 1999, fue el inicio de una serie de conversaciones y de experiencias espirituales. Aunque había tenido otras experiencias de carácter espiritual con anterioridad a la muerte de Nola, sería la que vivió con ella la que cambiaría su vida, y Kathy continúa compartiendo sus experiencias con el público a través de sus escritos, sus enseñanzas y su formación.

Kathy es escritora, maestra y *coach* de vida intuitiva, además de la fundadora y visionaria intuitiva del Spirit-Wind Kidz Ranch, en Oklahoma.

Visita www.spiritwindkidzranch.com para más información.

Karen James

Después de treinta años trabajando en el mundo de la contabilidad, Karen James abandonó su carrera empresarial para seguir su pasión, la de asesorar a personas en duelo con el fin de lograr su recuperación emocional. Es una especialista diplomada en el Método de Recuperación del Duelo, y ofrece sus enseñanzas tanto a nivel grupal como individual. Tras la muerte de su hija, el deseo de Karen por escribir se activó. Su poema, «Carta desde el cielo», apareció en el libro de James van Praagh, *Growing Up in Heaven.*

Karen James creció en el norte de California, aunque actualmente vive en Texas. Es la orgullosa madre de dos hijos y disfruta pasando su tiempo libre con sus dos hermosos nietos.

Para más información sobre Karen y su trabajo, ve a www.kcjames.com

Sunny Dawn Johnston

Sunny Dawn Johnston es una médium psíquica reconocida internacionalmente, además de maestra, escritora y conferenciante motivacional.

En diciembre de 2003, Sunny fundó la Sunlight Alliance LLC, un centro virtual de enseñanzas y sanación espiritual. Siguiendo su guía intuitiva, creó un lugar donde la gente pudiera encontrar y seguir su sendero espiritual, reconocer y apropiarse de sus dones intuitivos naturales, y cultivar una conexión espiritual con los seres queridos ya fallecidos. Sunny enseña a sus alumnas que nunca estamos solas, ni siquiera en los momentos de adversidad, y que nuestros ángeles, guías y seres queridos que han pasado al otro lado del velo están aquí para ayudarnos. El mensaje de Sunny de que «el amor jamás se acaba» ha atraído a miles de personas de todo el mundo a sus talleres, eventos y sesiones privadas de mediumnidad.

Sunny es también la autora del *best seller Invoking the Archangels: A Nine-Step Process to Heal Your Body, Mind, and Soul (Invocando a los arcángeles: Un proceso de nueve pasos para sanar tu cuerpo, tu mente y tu alma)*, así como de *No Mistakes (Sin cometer errores), Living Your Purpose (Viviendo según tu propósito), Find Me (Encuéntrame)* y

The Love Never Ends: Messages from the Other Side (*El amor nunca se acaba: Mensajes desde el otro lado*).

Sunny ha sido entrevistada en muchos programas de radio y televisión, como el de *Coast to Coast AM*, con George Noory. También ha realizado programas de radio y, recientemente, ha aparecido en la galardonada película *Sacred Journey of the Heart* (*El viaje sagrado del corazón*). También apareció recientemente en la Lifetime Movie Network (LMN) «A Seance with...» (*Una sesión con...*).

Para más información acerca del trabajo de Sunny, para ver vídeos suyos y unirse a su comunidad, visita https://sunnydawn-johnston.com

Wendy Kitts

A los cuarenta y dos años, Wendy pasó de una existencia laboral (metida en un cubículo gris de 2,74 por 1,52 metros) a una vida en Technicolor como escritora; y eso sin haber escrito nada anteriormente. Quince años después, Wendy ha escrito tres libros y más de doscientos artículos para publicaciones tales como el *Reader's Digest,* el *Globe and Mail* y la revista *More*.

Wendy es formadora diplomada en Posibilidades Infinitas, basada en el *best seller* de *The New York Times, Infinite Possibilities: The Art of Living Your Dreams* (*Posibilidades infinitas: El arte de vivir tus sueños*). Wendy ha hecho realidad su sueño de vivir y escribir en la playa durante todo el año, y reparte su tiempo entre Caissie Cape, New Brunswick, Canadá y San Diego, California.

Le apasiona ayudar a escritores principiantes a difundir su voz, transformando así sus vidas y, por extensión, el mundo. Obtén un ejemplar gratuito de *Write for Profit & Bliss: Sell Your Writing Now!* (*Escribe por gusto y por obtener beneficios: ¡Vende tus escritos ya!*) en www.wendykitts.ca

Kristen Marchus-Hemstad

Kristen Marchus-Hemstad creció en la región septentrional de Dakota del Norte, donde sus progenitores tenían una granja. Tiene un máster en asesoramiento, tras lo cual inició su carrera como asesora de crisis. Kristen ha sido siempre muy sensitiva y, en 2011, tras mudarse a Texas, se percató de que su naturaleza sensitiva era un don: era una médium. Desde entonces, ha utilizado sus conocimientos del Espíritu, de los negocios y de los problemas personales para ayudar a sus clientes en las más diversas situaciones profesionales y personales. Kristen es médium, maestra, mentora y asesora intuitiva, y ofrece sesiones presenciales y por teléfono a clientes que buscan contactar con seres queridos fallecidos, guías y ángeles. También ofrece cursos sobre diversos temas relacionados con el Espíritu.

Kristen vive en el extrarradio de Austin, Texas, con su marido. Infórmate sobre ella en www.kristenmarchushemstad.com

Lisa McCourt

Lisa McCourt es autora de *best sellers* y *blogger* especializada en el campo de la transformación personal. Su pasión por el poder de las palabras ha dado origen a una carrera editorial diversa, tachonada de galardones, destacadas reseñas, distinciones internacionales y superventas. En el lado secreto de su sendero editorial, Lisa escribe para multitud de personajes célebres, desde autores de *best sellers* del *New York Times* hasta estrellas de Hollywood nominadas para los Emmy o los Globos de Oro. Lisa ha escrito también más de tres docenas de libros con su propio nombre (entre los que se incluye el clásico *Te quiero, carita sucia*)[7] de los que se han vendido más de siete millones de ejemplares. Fue una popular locutora de radio de la CBS, y es una conferenciante habitual tanto en congresos sobre escritura como en eventos de crecimiento personal. Lisa aporta su pasión y su singular serie de habilidades a una carrera profesional ecléctica que se desarrolla de forma misteriosa, tal como le gusta a ella.

Conoce a Lisa en www.lisamccourt.com

Michelle McDonald Vlastnik

Michelle McDonald Vlastnik es una formadora personal diplomada, intuitiva mística y sanadora con el movimiento por la autenti-

---

7. Publicado en castellano por Brosquil Ediciones. Valencia, 2002.

cidad y por la sanación de la Madre Tierra. Su trabajo aparece en *365 Days of Angel Prayers* (*365 días de oraciones a los* ángeles), *365 Ways to Connect with Your Soul* (*365 formas de conectar con tu alma*) y *365 Moments of Grace* (*365 Momentos de gracia*).

Jessica McKay

Jessica McKay lleva estudiando el sendero espiritual tolteca de la sabiduría durante diez años. Criada en Nueva Jersey, estudió con Allan Hardman, un maestro espiritual del norte de California, con el cual dirigió los «Viajes del Espíritu» a Teotihuacán, México, en la tradición tolteca de Miguel Ruiz y *Los cuatro acuerdos*. Jessica es una maestra espiritual y guía intuitiva, que ofrece claridad y respuestas a las preguntas de la vida a través de sus lecturas intuitivas en http://intuitivereading.net. Vive con su marido en Nueva Jersey.

Christie Melonson

La doctora Christie Melonson es psicoterapeuta y asesora diplomada. Es la directora de los servicios clínicos y de investigación del Hogar Infantil St. Joseph, en San Antonio, y profesora adjunta de Psicología en la Universidad del Mundo Encarnado. Entre sus intereses profesionales se incluyen el fomento del cambio positivo personal y organizacional, la defensa de las víctimas de discriminación y abusos, y la promoción de la conciencia de diversidad y de la equidad en las organizaciones. Sus escritos se han publicado tanto en el campo de su profesión como en el de la autoayuda. Su misión consiste en hacer posible lo imposible, y en ayudar a los demás a crecer para que puedan alcanzar sus objetivos.

Para más información sobre los servicios de la doctora Melonson, ve a http://christiemelonsonlpc.vpweb.com

Jacob Nordby

Jacob Nordby es el autor de *The Divine Arsonist: A Tale of Awakening* (*El pirómano divino: El relato de un despertar*), y ha hecho contribuciones importantes en libros de Jack Canfield, el doctor Bernie Siegel y otros. Vive en Boise, Idaho, donde trabaja en la industria editorial, escribe libros y aconseja a escritores primerizos sobre cómo conectar con su genio creativo en sus cursos y talleres intensivos.

Más información en http://jacobnordby.com

Shelly Kay Orr

Shelly Kay Orr es maestra, conferenciante, escritora y practicante certificada de mente-cuerpo-espíritu. El viaje y la experiencia vitales de Shelly dieron lugar a su singular sendero, desde el cual inspira e influye positivamente en los demás.

En 2012, Shelly fue diagnosticada de un trastorno disociativo de la identidad (TDI), y vivió su peor momento en julio de 2014, cuando intentó suicidarse y pasó por una experiencia cercana a la muerte. Fue entonces cuando el ruidoso y activo coro de su cabeza se concentró como un láser en el amor y la unidad de la cual la humanidad forma parte.

Shelly se consagró a la sanación y transformó su vida desde una mera existencia hasta una vida de amor, esperanza y alegría. Finalmente, aceptó sus singulares dones y, en la actualidad, comparte las herramientas que ha aprendido y desarrollado para orientar a los demás.

Tras desprenderse de una importante cantidad de peso mediante un enfoque mente-cuerpo-espíritu, Shelly creó un programa innovador denominado «Ama tu cuerpo, alimenta tu alma». Este programa orienta y da apoyo a las mujeres en tanto que identifican y sanan las raíces de su enfermedad y de su exceso de peso.

Shelly vive en Oklahoma, con su marido y su hija pequeña.

Phoenix Rising Star

Phoenix Rising Star ha escrito numerosos artículos para revistas, entre las que se incluyen *Awareness Magazine*, *Spirit of Ma'at*, *Heartland Healing* y *The Edge*. Entre sus libros se encuentran *The Recipe for Your Soul: 5 Steps to a Delicious Life* (*La receta para tu alma: 5 pasos para desarrollar una vida deliciosa*), *Ask the Angels: 3 Breakthrough Strategies to Living the Life You Desire* (*Pregunta a los ángeles: 3 estrategias innovadoras para vivir la vida que deseas*) y *The Confident*

Launch: Entrepreneurial Success from Conception to Completion (*El lanzamiento confiado: Éxito empresarial desde la concepción hasta la finalización*).

Phoenix es formadora maestra de instructores de Integrated Energy Therapy (IET®), de las cuales sólo existen doce en todo el mundo. IET es una terapia práctica que fomenta la sanación por la memoria celular, y Phoenix es Top Master Instructor desde 2006. Como formadora e instructora, viaja por todo Estados Unidos con su pareja, Leon, e imparte cursos de IET y ofrece sesiones sanadoras. Considera a Sedona, en Arizona, su hogar.

Visita http://phoenixrisingstar.com para más información sobre la sanación por la memoria celular y el *coaching* para el sendero anímico, que Phoenix ofrece a través de sesiones individuales y de grupo.

Janet Rozzi

Janet Rozzi es escritora, y en sus conferencias propone a su audiencia llevar una vida con una clara intención y redescubrir sus pasiones. Se siente orgullosa de haber colaborado en la autoría de *No Mistakes!: How You Can Change Adversity into Abundance*.

Janet es licenciada en ciencias del marketing por la Universidad Estatal de Pennsylvania, y tiene más de veinte años de experiencia en ventas y marketing. Vive con su marido en Harrisburg, Pennsylvania. Para más información, ver www.janetrozzi.com

Deb Snyder

Deb Snyder lleva investigando en la vida centrada en el corazón desde el nacimiento de su hija Raegan Aria, que nació con una extraña malformación cerebral. Raegan, que no puede hablar, recurrió a una forma de comunicación energética para establecer contacto con su intuitiva madre durante una crisis médica, con lo que logró salvar su vida. Tras esta asombrosa experiencia, Deb continuó estudiando la ciencia que existe tras la energía, y se marcó la misión de educar e inspirar a los demás. Profesional diplomada de salud holística, Deb es también la fundadora y directora ejecutiva del HeartGlow Center, además de editora de *Inner Tapestry*, un revista holística que se publica en Nueva Inglaterra desde hace casi quince años.

Además de su trabajo para *Inner Tapestry*, los artículos de Deb sobre espiritualidad, intuición, telepatía y crianza de los hijos han aparecido en numerosas revistas, páginas web, boletines y publicaciones. Ha escrito cuatro libros, entre los que se encuentran *Ignite CALM: Bliss at Work* (*Activa la CALMA: La dicha en el trabajo*), *The Dogma of Cats for Kids* (*El dogma de los gatos para niños*), *The Dogma of Dogs for Kids* (*El dogma de los perros para niños*) e *Intuitive Parenting: Listening to the Wisdom of Your Heart* (*Crianza intuitiva: Escucha la sabiduría de tu corazón*), que obtuvo el Gold Mom's Choice y el premio Nautilus de Plata.

Ve a www.ignitecalm.com

Marla Steele

Marla Steele es psíquica de mascotas profesional y maestra de reiki, y se ocupa de sus clientes, tanto humanos como animales, desde el año 2000. Tomó conciencia de sus capacidades intuitivas cuando era una niña gracias a sus intensos sueños psíquicos, pero no sería hasta casi los treinta años, al adquirir su primer caballo, cuando se planteó la posibilidad de comunicarse telepáticamente con los animales.

Dando voz a los animales, Marla revela sus preferencias, indica sus molestias, negocia sus comportamientos y revela el modo en que los animales sanan a las personas. Marla se ha especializado en la transmisión de mensajes de mascotas fallecidas, con lo que demuestra que siguen cerca de nosotras.

Marla está graduada en radiodifusión, y bromea cuando dice que «ahora, ella es el médium de comunicación». Ha sido entrevistada en distintos programas de radio y televisión, y ha producido una serie de Diagramas de Radiestesia de los Chakras de los Animales y un CD de meditación dirigida acerca de los Viajes de la Comunicación Animal. Por otra parte, colaboró en la autoría de *365 Days of Angel Prayers*. Marla enseña el modo de hablar, escuchar y sanar a los animales a nivel anímico mediante su programa de formación de

Acceso a la Conciencia Animal.

Marla vive en Petaluma, California.

Shanda Trofe

Escritora, editora y *coach* de escritores, Shanda Trofe es la fundadora de la Spiritual Writers Network (Red de Escritores Espirituales), una comunidad online compuesta por más de tres mil escritoras y autores. También es presidenta y directora ejecutiva de Transcendent Publishing y de Write from the Heart, LLC. Llamada con acierto por sus colegas la «mentora autorpresaria», Shanda forma a las aspirantes a escritoras no sólo en el negocio de la escritura y la publicación, sino también en la construcción de un imperio basado en los conceptos básicos de su obra publicada.

Además de trabajar con escritores y autores principiantes, Shanda es una practicante diplomada en mente, cuerpo y espíritu, en terapia angélica y en la ley de atracción, además de ser *coach* de vida espiritual. Shanda cree que, mediante la integración de las prácticas espirituales en su negocio, puede servir mejor a sus clientes y dirigirles hacia el éxito.

James Van Praagh

Famoso internacionalmente por *best sellers* y números uno en *The New York Times* como *Un médium entre fantasmas, Crecer en el cielo, Aventuras del alma* o *Cómo sanar un corazón afligido,* James Van Praagh es aclamado en todo el mundo como el pionero del movimiento mediúmnico, y es reconocido como uno de los más acertados médiums espirituales de nuestro tiempo. Sus mensajes han proporcionado solaz, paz e intuiciones espirituales a miles de personas, cambiando millones de visiones sobre la vida y la muerte. Ha recibido muchos premios por su consagración a elevar la conciencia del planeta.

James ha sido entrevistado en casi todos los programas de radio y televisión del país, incluidos los de *Oprah, Larry King Live, Dr. Phil, 48 Hours, The View, The Joy Behar Show, Chelsea Lately, Coast to Coast AM* y muchos más. Fue el creador y productor ejecutivo de la exitosa serie de la CBS, *Ghost Whisperer*,[8] protagonizada por Jennifer Love Hewitt.

Actualmente, se puede escuchar a James en su programa de radio semanal *Hay House*, y se mantiene en contacto con sus seguidores a través de su página web y su blog en www.vanpraagh.com y a través de las redes sociales.

---

8. Conocida en España como *Entre fantasmas*, en Venezuela como *Voces del más allá*, en Ecuador como *Almas suspendidas* y en México como *Almas perdidas*. *(N. del T.)*

Índice